だいわ文庫

1日1分で美人になる

自分を変えるレッスン

ワタナベ薫

大和書房

はじめに

美しく魅力的になりたい。
自分が心からやりたいことをやって、毎日イキイキと輝きたい。
女性として愛されて、幸せになりたい。

女性は本当に欲張りです。
でも、それでいいのです。
美しく心豊かであること。
これは私たちが女性として生まれた特権であり、使命でもあるのです。

本書は、「自分を変えたい」と思っている女性が、これまでの自分のカラを破り、「理想の女性」になるために書きました。

これは、あなたが求める方向、「理想の自分」に変わるための本なのです。

こんなことを言うと、「人はそんなに簡単に変われるものじゃないよ」という声が聞こえてきそうですが、それは違います。

人は、簡単に変わることができます。

日々の小さなコツだけで、何十年も付き合ってきたネガティブなクセをも変えることができるのです。

その秘密を本書では、さまざまな角度からお伝えします。

この中で書かれている事柄は、私のみならず、私が関わってきた多くの女性たちが、「なりたい自分」になってきた方法です。

まずは、「簡単に変われないよね」という心の声を無視して、柔軟な気持ちで読み進めてくださいね。

変わろうとする時、人の心にはブレーキがかかります。

人の心には、変化を嫌う特性があるのです。

頭の中では「変わりたい！」「カラを破りたい！」「何か新しいことをはじめたい！」と思っていても、長年培った習慣と脳の特性上、変化しようとする時には必ず反作用が働くのです。

でも、その特性を理解して上手にコントロールさえできれば、あなたのステージは上がっていき、「理想の自分」に変化することができます。

ただし、変わる前に一つだけ忘れないでいてほしいことがあります。

それは、「変わらなくても自分は素敵である」という事実を受け入れること。

「今の自分を変えたい」と思う人の傾向として、向上心があり、完璧主義的な考え方をしやすいというものがあります。だからこそ、これまで成長してこられたのでしょう。

でも、完璧にこだわるからこそ、自分の至らない点にばかり目を向けるクセがあるのも事実。「こんなふうになりたい」と思っている「理想」よりも、「現在の自分のよくない点」にフォーカスしてしまいがちなのです。

これでは、ネガティブな考え方が習慣になってしまい、毎日が苦しくなってしまいます。

まずは自己否定をせず、今の自分を受け入れつつも、理想の自分にフォーカスしていくことを約束してください。

あなたは、あなたが思っているよりも優れていて、素晴らしいのです。

では、ここでちょっとだけ、自分を受け入れて自信を持つレッスンの方法をお伝えいたしましょう。とても簡単で小さなことですが、自信を持つには非常に有効な方法です。

それは、「1日の終わりに、できたことを書く」ということです。

みなさんは、「TODOリスト」というのを書いたことがありますか?

1日の終わりに見直して、できなかったことを数えてガッカリしたことはありますか？　もし、そうなら逆の思考で考えてみてください。

「やるべきこと」ではなく、「できたことだけ書く」のです。

たとえば、「机の上を片付けられた」「10分読書ができた」「同僚にお礼を素直に言えた」「朝、トイレ掃除ができた」など、小さなことでいいので「できた点だけ」書くのです。もし、何もできずに1日寝ていた場合は、「1日体を休ませることができた」と書きましょう。

そうするとどうでしょう？

私たちは「できている自分」に自信を持てるようになるのです。

この思考のクセが、自己肯定感を高めていくのです。

このような小さな習慣の積み重ねこそが、大きく自分を変えていくのです。

昔の格言に次のような言葉があります。

「小さなことに忠実なものは、大きなことにも忠実である」と。

自分を褒める習慣とネガティブな考え方を変える簡単な思考術を身につけ、いつも使っている言葉を変えるだけで、あなたはどんどん輝き、素敵になっていきます。

あなたは「どんな自分」にでもなることができます。

外見美も内面美も両方からのアプローチをすれば、大きな変化を遂げることができるでしょう。

どんな自分と出逢いたいですか？

どんな自分でありたいですか？

さあ、一緒にその変化を感じていくことにしましょう！

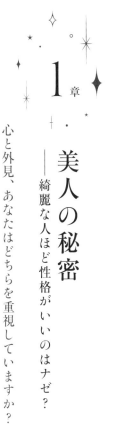

2章

美人のクチグセ

——言葉で自分をコントロールする方法

3章

美人の朝習慣

——1日の始まりが輝くエクササイズ

4章

美人の直感力
——心の声に耳をすませると答えがみつかる

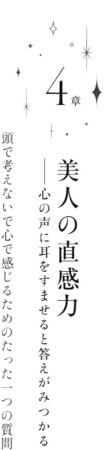

1章

美人の秘密

――綺麗な人ほど性格がいいのはナゼ？

* 心と外見、あなたはどちらを重視していますか？
* 「認められたい症候群」では魅力的な人になれない
* 潜在意識から美意識を上げる方法
* 自分なりの「美のルール」をつくる
* シンデレラにならう「運に愛される人の法則」とは？
* 美人のように振る舞うと美人になる

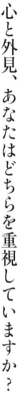

心と外見、あなたはどちらを重視していますか？

「美しい人」の秘密とは？

かれこれ、今年で15年、「美人になる方法」という、個人的にはちょっとだけ恥ずかしいタイトルで「美人」に関してブログを書き続けてきました。

外見美を扱っているブログだと期待して訪問された女性は、期待はずれだったかもしれません。なぜなら私のブログの記事内容の8割は、メンタルの安定や生き方、夢や目標を持ち、自分軸を持つための記事だったからです。

しかしながら訪問してくれた女性たちは、外見美よりも内面やメンタル、そして残りの人生をキラキラと元気に生きることが美の原動力になる！　ということを察知された方が多かったようです。

というのも、訪問してくれた女性の多くが再訪してくれて、今では少なく見積もっても月に100万アクセスを超え、アメブロ、ビジネス部門で長期にわたり1位の人気サイトとなったのです。

外見はおろそかにすべきところではありません。

もちろん女性ならもっとも気になるところでしょう。

でも、それがすべてでもありませんし、もっとも重要な部分でもありません。

大切なのは、内面が充実していて、好奇心を持ち、より成長していこうとする気持ちを持ち続けること。

結果として、それが外見美にダイレクトに影響するのです。

たとえばですが、あなたのまわりにいつもキラキラしていて行動力にあふれる女性はいないでしょうか？　とくに華美にしているわけでもないのに、何か内側からキラリと光るものを持っているような女性が……。

何かに情熱を持っている人は美しいのです。

ワクワクした夢や目標があったり、好きなことをやっていると、波動が高まります。

波動というのは、生命エネルギーのようなもの。

だから、波動が高まると健康になります。

健康は美容の土台です。

楽しい気持ちやモチベーションが高い状態でいると、瞳に輝きが増し、血流もよくなり、お肌も綺麗になります。

そう、人の内面は必ずと言っていいほど外見に反映されるのです。

以前、フジテレビで『リアル・クローズ』というファッションを扱ったドラマがありました。

その中で、外見的にはちょっとさえない主人公の天野絹恵（香里奈さん）が、婦人服の統括部長である神保美姫（黒木瞳さん）に、「人間は中身。見た目がすべてではないと思います！」と言ったセリフがありました。

外見を装うことにちょっと抵抗を持ってしまう女性なら、誰でもこの言葉にすがったことがあると思います。

でも、ドラマの中ではそれに対して「中身が見た目ににじみ出るのよ。だから人間は見た目でわかるの」と言い切られるシーンがありました。

これは、まさに真実です。

心が安定して平安であり、そして自分を大切にしている人は、外見にもそれが表れて美しくなるのでしょう。

とくに女性の場合、メンタルが安定していると自分を大切にしたくなります。

メンタルが安定していて、自分を大切に思う気持ちがあれば、自然と肌のお手入れもしますし、洋服にも気を遣います。体にジャンクフードのような毒を入れ続けることもしませんし、暴飲暴食をして内臓に負担をかけることもしないでしょう。
美しくなるには、メンタルのケアと体のケアをすること、両面が必要なのです。

「肌」は衰えても「魅力」は衰えない

「外見美」という言葉は、人によってとらえ方が違うと思いますが、ここでいう「外見美」というのは、もともと生まれながらにして容姿が整っていることではなく、どんな器（体）であっても、ちゃんと手をかけて美しく魅せているということです。

私の高校時代の友人で、男性から大変モテていたA美という女性がいました。本人も自分の美しさに自覚があり、素敵な男性と早くに結婚しました。彼女の結婚後しばらくは疎遠になったのですが、お互い40代になってからばったり会いました。最初、私は彼女であることに気づきませんでした。なぜなら、あの時の美しい面影はどこにもなかったからです。

でもその後、彼女と数年かけて交友を続けるうち、彼女の美意識が甦《よみがえ》り、会うたびに痩せて綺麗になってきました。

彼女が変わってきたのはなぜか率直に聞いてみたらこう言っていました。

「あなたに会って刺激を受けた。起業して、経営者としても、女性としても輝いているあなたに最初は嫉妬したけど、自分もこのままじゃいけない！　綺麗にならなきゃって、この年になってまた思えたの」

と笑顔で言ってくれました。

女性は、35歳からは坂を転がり落ちるようにどんどん外見が変わっていきます。

でも、綺麗になろうと手をかければすぐに効果が出るのも外見のいいところなのです。

とくに年を重ねていきますと、老化が進み、あらゆるところがたるんできたり、ボヤけてきて、若い時とはカタチが違ってしまいます。

体重は同じでも肌質や肉のつき方はまったく違う……。でも、人は加齢を止めることはできません。

だったら、それら押し寄せる老化を諦めるのではなく、上手に折り合いをつけながらも、手入れできる部分は手入れして自分を磨いていきましょう。

そうすると、別にモテよう、好かれようなんて思わなくても、いつも人々を惹きつける魅力ある人になっていくものです。

魅力というのは言葉を替えて言えば、人を惹きつける引力のようなものです。

いくつになっても、そう、40代でも50代でも60代でも70代でも、人を惹きつける魅力的な女性であり続けることはできるのです。


外見は、心の持ちようでいくらでも変わります。

こうしたメンタルの安定や美のためのケア、夢を叶える力を強めるなんて聞くと難しく感じてしまう人もいるかもしれません。

自分のことを好きになれない人はとても多いですし、自信が持てない人もたくさんいます。

でも、そんなに難しい手法を使わなくても、毎日の習慣で自分を変えることはできます。

では早速それがどんな方法なのかをお教えしましょう！

「認められたい症候群」では魅力的な人になれない

「褒め言葉」が苦手な人の心理

まずは心の土台の部分を整えておくことにいたしましょう。

あなたは、他の人から認められたり褒められたりすると嬉しいですか？

それとも、そう言われることに不快感や違和感を感じますか？

人間の一般的な傾向として、他の人から承認されることで自分の価値を判断する、というものがあります。

これはいい悪いではなくて一つの傾向ですから、ひとまず判断は保留にしてニュートラルにとらえていただければと思います。

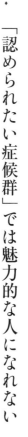

「もっと認めてほしい」「もっと褒めてもらいたい」。そのように思う方は、とても多いです。別に誰からも無視されているというわけでもないのに、もう少しだけ、誰かに認められたいのです。

褒められること、認められることなどの承認欲求が強くて、人に認められることで自分の存在意義を感じる……そのような人を私は「認められたい症候群」と呼んでいますが、なかには、ちょっと矛盾した特徴を持ち合わせている方もいます。

それは、褒められたり認められたりした時にそれをすんなり受けとれない、ということ。

素直に喜べない、または裏を読む、心から褒めているわけではなく、自分を喜ばせようとして褒めてくれている、というように、ちょっとひねって受けとって、「それって本心じゃないでしょ？　口だけでしょ？」と考えてしまうのです。

今思えば、20代、30代の私は、まさにそのような人間でした。

褒められたい、認められたいのに、褒められるとその褒め言葉はすぐに拒絶。

「そんなことないですよ」と言ってしまう。

そして心でも、「本心からの意見じゃなくて、私を励まそうとしてるんだわ」

と思ってしまうのです。

もう、こうなると、ひねくれ者？（笑）

これは謙虚なのではなく、ある事柄が欠如している表れなのです。

では、その欠如しているものとは、何でしょうか？　なぜ認められたいのに、認められるとあまのじゃくなとらえ方をしてしまうのでしょうか？

「認められたい」という気持ちは、すべての人に共通する自然な欲求です。

でも、それがとくに強い人は自尊心が欠如していて、「私なんてどうせ……」という感覚が心の奥深くにインプットされており、それがセルフイメージになってしまっているから他者の褒め言葉を拒絶するのです。

自尊心とは自分の人格も心も大切にしてあげることができて、加えてそれに対して自信もあるということです。

自尊心がないと心に「私なんてどうせ」がインプットされてしまっているので、褒められると欠乏感に満ちたセルフイメージが抵抗するのです。「いやいや、私のやることなんて、たいしたことないです！　こんなのは成果じゃありません！」と。

自分を好きになるチャンスを増やす方法

人は誰でも、多かれ少なかれ承認欲求があります。

誰でも認められたいし、褒められたいし、特別扱いされたら、やっぱり嬉しいのです。

しかし、他者からの評価のみで自分の価値を決めていると、他者からのよい評価がもらえない時に、まるで自分が価値のない人間のように感じられてしまいかねません。

まずは、自分で自分を認めてあげないと、人から褒められても、認められても、承認されても、あなたの心はいつまでも抵抗し続けるのです。

では、もし自分がそのような傾向があるとしたら、どうしたらいいでしょうか？

認められたい症候群の方にまずすすめたいのは、自分で自分を認めるクセづけをすること。ここからスタートです。

自分に認められるところがないと思っている人でも、ハードルをすごく下げて、小さなことから自分を認めてあげましょう。

◎　今日も1日仕事をがんばった！（当たり前のことではありません。できない人もいるのですから）

◎　疲れていたけど、洗い物をためずに洗った

◎　会社では笑顔で過ごした

◎　自分の心を養う読書をしている

……などなど、ハードルはこの際、10センチくらいの低いものでいいので、自分で自分を認めてあげる習慣をつけるのです。最初は1日1個、必ずみつけるようにするといいでしょう。

そんな小さなことでも自分を心から認めてあげられるようになると、人からの褒め言葉も承認も、素直に喜んで受けとれるようになっていきます。

逆に、自己肯定ができるようになると、たとえ他の人に褒められなくても心が折れるようなことはありません。褒められた時には嬉しい気持ちになりつつも、前ほど大きな反応を示さなくなります。つまり、**人に左右されない安定した心が手に入るのです。**

誰かに褒められずとも、自分で自分を褒められるようになると、「認められたい症候群」は卒業となります。

まずは、自分で自分を褒めていく習慣を持ちましょう。

誰がなんと言おうとも、あなたは生きているだけで素晴らしいのですから！

加えて何かをがんばっているなら、もっともっと褒めてあげてもいいのです。

自分を認められるようになると、穏やかなやさしい表情になり、それが美のオーラとなってあなたを包むようになります。

潜在意識から美意識を上げる方法

「一人の時間」こそ注意！

私たちは日常生活のほとんどを無意識で行動しています。

たとえば何かの本を読んで、「よし！　私も美意識を上げて、口角を上げて過ごそう」と思ったとしても、次の瞬間には忘れてしまいますよね。

始めたばかりの時は意識して生活していても、一人でぼんやりしている時、テレビを見ている時、家族とリラックスして過ごしている時などは、表情は以前のまま。口角が下がっていたり、眉間にシワが寄っていたり、足が開いていたり、振る舞いが雑になっている……そんなふうになってしまうのです。

新しい習慣を無意識でもできるようになるためには、最初は相当の回数を意識していないと、行動を変化させるまでにはいたりません。

それは、ふだんパンツスタイルの人が急にスカートをはいてもパンツスタイルのままの行動になるのと同じです。足を開いて座る、ガツガツと早足で歩くなど、長い習慣で培われたパンツスタイルの振る舞いになってしまうのです。自分がスカートをはいていることを忘れてしまうのですね。

無意識に定着していないことは、体もいうことを聞いてくれないのです。

スカートをはいていることを定着させるには、「今日はスカートをはいている。今日はスカートだから足を閉じること。スカートだから綺麗に優雅に振る舞うこと」などの言葉を、1日に何度も何度も言いきかせる作業が必要となります。

私も、口角を上げることや姿勢を正すこと、自分の前に架空の線を一本引き、それに沿ってまっすぐ歩くように心がけることは強く意識しているのですが、全体で言えば3割もできているかどうか……といったところです。

でも、3割できているということは、以前よりは3割増しで美人になったということ。やらないよりは、確実に美人度が増したと思っていますが（笑）。

本の執筆をするようになってからは、街で読者様から見られているかも？という自意識過剰も手伝ってくれました。

と言いますのは、ブログのコメントやFacebookのコメント欄から、「ワタナベさん、昨日◯時頃、花屋さんにいらっしゃいませんでしたか？」とか「道ですれ違いました」とか、言われるようになったからです。

誰に見られているかわからない、という緊張感から、以前よりさらに意識できるようになったと思います。

これが、いつも「誰かに見られているかもしれない」という意識が働くことで他者の視線で磨かれて芸能人が美しくなる法則なのだな、と理解できました。

「自分の理想の美」を明確にする

それでは最初の段階としては、美に関して何を意識したいのか？　自分がどのようになりたいのか？　という「目指したい方向」を明確にすることからはじめましょう。

私が執筆業と並行して行なっているコーチングのセッションでも、クライアント自ら「美」をテーマに挙げることはとても多いです。

そんな時、最初にクライアントに明確にしてもらうことは、

「美に関して何を目指したいのか？」

「あなたの思う美しさとは何か？」

という点。

つまり最初の段階としては、美に関しての自分なりのゴールを明確にすることから始めます。

ちなみに、私が目指す美とは、「真の美しさ」。内面、外見、両方から輝くこ

とです。

とくに内面は長期間にわたって外見に大きく影響するので、内面を養うために自分の尊敬する女性たちに関する本を定期的に読んでいます。晩年のオードリー・ヘプバーンやマザー・テレサの活動を見ると、心穏やかになれ、顔が柔和になるのが自分でもわかります。

そして、「オードリーならこの場面でなんと言うだろうか？」「マザー・テレサならこの場合、どんな行動をとるだろうか？」と自問することで、自分の理想の美を追いかける気持ちを持ち続けるようにしています。

また、外見美の目指すゴールが明確になったらそこに到達するためのメニューを考えるのもいいでしょう。

たとえば「くびれたウエストになる」というゴールなら、仕事の休憩時に必ず椅子に座りながらウエストを20回ひねるとか、バスタイムは湯船につかりながら20回ひねると決めて実行する。

はたまたゴールが「エレガントな女性になる」というものなら、自分が目指すエレガントな芸能人や女優をピックアップし、その女性をロールモデルにして、自分のどこに手をかけたらいいか考えるのです。ヘアスタイルか？　メイクか？　それともこれまでのファッションの路線を少し変えたほうがいいのか？　などなど、できるところから手をかけてみてください。

そのように行動をしている自分、変化があった自分、綺麗な自分になることで、不思議と内面も美しくなるのです。

外見と内面の両方からアプローチを考えて行動すると、理想の美を手に入れるのはグンと早くなります。

自分なりの「美のルール」をつくる

ルールを思い出す「フック」とは？

たとえば私の場合ですが、美に関していえば、姿勢というのが一つのテーマです。

姿勢は、美しい女性の条件の中でかなり高い割合を占めています。

姿勢がいいだけで、5センチは背が高く見えますし、美しいオーラも出るようになります。私は身長が156センチと小柄なので、とくに大切にしています。ヒールも必須です！

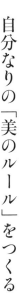

そのため、街中で姿勢の悪い人を見ては、全身の細胞に「美しくあれ！」と命令して背筋を伸ばし、姿勢がよくて素敵な女性を見ても、「自分もそうあれ！」と姿勢をよくするように心がけています。そうしたあとで、さらに1センチ身長を伸ばすような意識で、首筋も伸ばすようにしています。

「疲れませんか？」なんて聞かれそうですが、美しい姿勢とは、本来の骨格にとって快適な姿勢。将来の肉のツキ方や腰痛などにも影響しますから、無意識にできるようになるまでは反復動作を繰り返すのです。

つまり、大切なのはふだんの自分に戻ってしまわないように、「1日何回、美のルールを思い出すか」なのです。そのために、自分なりのフックのようなものをつくっておくことをおすすめいたします。

ある人は手の平にペンで書いてしょっちゅう見るようにしたそうです。

またある人は、いつも身に着けるものに、たとえば指輪にその思いを刷り込んで、指輪を見るたびにそれを思い出すようにしたそうです。これは、いつもベルを鳴らしてからご飯をあげていたら、ベルが鳴った時からよだれをたらすようになったという「パブロフの犬の実験」のように、刷り込みたい情報を思い出したら指輪を見る、という行動を習慣にするというものです。すると、逆に指輪を見ただけでその情報を思い出すようになります。

別の方は、携帯の待ち受け画像を憧れのモデルにしたそうです。

ほかには、フセンに書いてパソコンの脇に貼っておいたという人もいました。

さまざまな方法があると思うのですが、要は、早く無意識のレベルに落とし込むために、数多く自分に思い出させる作業をすればいいのです。

最初は面倒に思えるかもしれませんが、それで一生美しくなるための情報が体にインプットできたら、嬉しいですよね。

言葉で反復して「刷り込み」を強化！

そしてさらにそのインプットを強化するために、美のルールを言葉に書いて自分で言ってみましょう。

これはアファメーションというものです。

もともとは英語の【affirmation（肯定、確約、断言）】という言葉からきており、自己肯定の宣言や言葉を何度も言うことで、いい意味での「自己暗示」をかけるものです。

私たちの思考は言葉で成り立っているので、よい言葉を何度も言うことで思考と心に影響を与え、行動も変化させるという手法です。

だから、自己暗示をかけるためには繰り返し自分に言い聞かせることが大切。

気分がアゲアゲの時でもひとり言。

気分が下がった時でもひとり言。

いつのまにか無意識にその言葉がクチグセのように出てきたり、もしくは、まわりから変化に気づいてもらえたら、成功している証拠です。

◎　私は、美しい姿勢で1日を気分よく過ごしています

◎私は、いつも微笑みを絶やさず、穏やかな気持ちでいます
◎私は女優。みんなが私を見ています（姿勢を正すのにかなり効果アリ！）
◎私のスタイルはいつも決まっていて、颯爽《さっそう》と歩いています
◎私は、優雅で立ち居振舞いが美しいです

これが自分のセルフイメージになるまで何度も何度も紙に書いたり、ぶつぶつ言ってみたりして、美意識をインプットしてみましょう。次第に体の習慣もついてきます。

そうしたら、ふだんの自分が3割増しの美人になっているはずです。

シンデレラにならう「運に愛される人の法則」とは？

シンデレラは「鈍感」だった!?

人は、他人の経験を見聞きすると、そこに自分を重ね合わせて、想像力を働かせます。たとえばマイナスな状態から這い上がって夢を叶えていく人の経験談は、自分もそうなれるかも！　というパワーをくれますよね。

そうした成功体験のことを童話のシンデレラになぞらえて、「シンデレラ・ストーリー」といいます。

でも、所詮は童話でしょ、なんて思うのは間違い。シンデレラ・ストーリーを現実にしていくことができるのです。

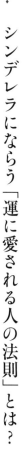

突然そんなこと言われても信じられないかもしれません。

でも、シンデレラが夢を叶えたのには、ちゃんと「秘密」があるのです。

ここでは、シンデレラの物語から美と願いを叶える魔法の法則をお伝えします。


まずは、シンデレラのざっくりした内容を思い出してみましょう。

シンデレラはもともと幸せに暮らしていたお嬢さんでしたが、実の母が亡くなったあとお父さんが再婚して、その再婚相手の継母と二人の娘に意地悪されたり、こき使われたりしています。

そんなつらい状況の中でも、シンデレラは生きることを楽しんでいました。いじめられても、こき使われても、つらい気持ちにとらわれず、毎日を楽しんでいます。

いいですか？　毎日いじめられて、かつ仕事も雑用ばかりです。それなのに、彼女は自分が不幸だとは思っていなかったのです。ある意味、シンデレラって「超鈍感」だと思いませんか？

さて、そんなある日、近くのお城で舞踏会が開かれることを聞かされます。しかし、意地悪をされていたシンデレラはその舞踏会に行けるはずもなく、継母とその二人の義姉妹たちのドレスの準備などを命じられるのです。

シンデレラはそのドレスを見て舞踏会に行けないことを嘆いたり、自分の服と比較してため息をついたり、義理の姉妹たちを妬むことはしませんでした。むしろ自分がそのドレスを着ているところを想像したり（イメージングが上手だったのです）、舞踏会で王子様と踊っている姿を想像して楽しんでいたのでした。

舞踏会当日、継母と義姉妹を送ってから、お城の方角を眺めては、またシンデレラの妄想（イメージング）は始まります。そこへ魔法使いが現れて、ドレスも靴も馬車も用意され、舞踏会へ行くことができるようになり、しかもシンデレラは相当の美人さんだったため、すぐに王子様の目にとまることとなります。二人でダンスをすることもできましたが、門限に急いで帰ろうと靴が脱げても走って帰ってしまったのがきっかけとなり、お城の者たちはその靴の持ち主を探し、シンデレラと王子様はめでたく結婚できました。はい、めでたしめでたし、というお話。

ものすごく急いでお話を展開させましたが、これがあらましです。

さて、ここから私たちの生活においても、このシンデレラから学びを拾ってみましょう。

まず、シンデレラはかなりの鈍感だったということがわかります。

あれだけいじめられて仕事も過酷、いいことなんてないにもかかわらず、そうしたネガティブなことには鈍感だったのです。

以前、渡辺淳一さんの書いた『鈍感力』という本が流行りました。

私たちがこの世の中を生きていくためには、ある程度「鈍感」であったほうが幸せである、という内容です。

人生の中では、いいことばかりあるはずもなく、シンデレラのように急に逆境が訪れることもありますよね。そんな時に何もかも敏感にとらえていると、神経が参ってしまいます。

私も以前は、まわりのよくないことに敏感過ぎて胃を痛めたり、眠れなくなったりしたこともありましたが、今はだいぶ鈍感になってきました。

つらい状況、悲しい状況、試練や逆境の時、シンデレラのように鈍感であることは、私たちにその苦しい時を乗り越えやすくしてくれます。

「イメージング」という強力な魔法

そして、もう一つシンデレラから学べることは、シンデレラは妄想癖があったということです。

シンデレラは、自分にそれが可能であると信じていたかどうかは知りませんが、来る日も来る日も、自分がドレスを着て王子様と踊っている姿をイメージングしていたのです。そう、毎日シンデレラは、イメトレしていたのです。結果はどうでしょう？

想像した通りの夢が叶い、幸せをつかんだのです。

もちろんこれはただの物語ですが、私たちの生活にも大いに当てはめられることです。急に鈍感になることは難しくても、つらいことよりも楽しいことにフォーカスするクセをつけていきますと、そのクセはいつか定着し、つらいことはスルーできる体質になっていきます。

そのうえで、イメージトレーニングをしていきます。

自分がなりたい人物像、ほしい物を手にしている様子を想像し、ワクワクしながら実現した時のことを予習するのです。

自己啓発の本で世界的ベストセラーの『思考は現実化する』（きこ書房）の著者ナポレオン・ヒルは、

「人間は手に入らない物に対しては、願望を抱くようにはつくられていないのです。神がそんな本能を与えるはずがありません。言葉を替えれば、〝人間は手に入らないものは本気でほしがらない〟ということです」

と述べています。

100億円のダイヤモンドの指輪を見て、心から、「きゃーーーー！ ほしい〜！」と思わないでしょ？ むしろ、小さくてもすっごく気に入った20万円くらいのダイヤモンドリングのほうが現実味があり、ほしい〜と本気で思えることでしょう。

ですから、何かほしいと思った時に、「いやいや、そんなのを買うお金なんてない。考えるのは無駄な時間だ。非現実的だ」などとは思わないほうがいいのです。

あなたがほしいと思ったものは、ナポレオン・ヒルの言葉を借りて言えば、手に入る可能性があるからそう思った……ということになるのです。

少々大胆な発言かもしれませんが、これは私の実体験のみならず、多くのクライアントやセミナー受講者の体験談、そしてお付き合いしている成功者の経験談から確信しています。

今、あなたがほしいと思うものはすべて、手に入るのです。

ぜひ今日からシンデレラのように鈍感になり、マイナスをスルーして、イメージングを楽しんでください。具体的であればあるほど、その夢は近づいてきます。

美人のように振る舞うと美人になる

体に「成功」を疑似体験させよう

皆さんは、こんな言葉をお聞きになったことはあるでしょうか？

「お金持ちになりたければ、お金持ちのように振る舞いなさい」

応用編としては、

「美人になりたければ、美人のように振る舞いなさい」

「成功者になりたければ、成功者のように振る舞いなさい」

などなど……。

それをするにはイメージ力が必要なのですが、さらにコツがあります。

それは、もし自分の願いが叶ったら、どんな感情になり、どんな行動をして、どんな表情になって、さらには、どんな姿勢になり、どんな服を着て、何を思い、何を見るようになるのか？

これを、五感すべてを使って、想像上であってもリアルに体感していると脳が勘違いするところまで具体的にイメージすることが重要なのです。

なぜか、そうすると願いが叶いやすい。

これができると、理想の状態になった時の体の細胞や気持ちがどんな状態かまで、未来の自分を文字通り体感できます。たとえ想像上であったとしても、具体的に描けば描くほど体は疑似体験できるのです。

ですから逆にいえば、具体的にイメージできないことは現実になりにくいわけですね。

そして、その理想の自分を体感して「現在」を過ごすようになると、あとはエスカレーターにでも乗ったかのように、そこに向かっていくようになります。

このようにイメージを強烈に体に植えつけるためには、イメージングは一回するだけではなく、何度も何度もすることが大切です。

何度も想像した時点で、それに向かっていく自分の未来の道筋がより濃く、太くなるのです。

ちょっと難しいと思われた方もいらっしゃるかもしれませんが、このイメージングもただのクセづけです。ゲームを楽しむかのように、毎日楽しんでやってみることで習慣化します。

「場所の力」を利用する

ほかにも、私が「リアルイメージジトレーニング」と呼んでいる、現実にあるものを利用した強力なイメージングの方法があります。

たとえば、「お金持ちだったら、こういう所に行くだろうな」と想像し、その場所に身を置いて、場のエネルギーを感じてみるということ。

最初は、場のエネルギーと自分のエネルギーが合わず、不快感や違和感を覚えることがあるかもしれませんが、そのうち違和感も消え、そこが自分の居場所だと思えるようになります。

するといつのまにか、本当に自分がお金持ちになったかのような心豊かな状態になれます。そこまできたら大成功。

「美人だったらこういう生活をするだろう」と想像できるように、彼女たちが食べているものや、姿勢、立ち居振る舞いを、完全になりきったつもりで生活してみる、街を歩いてみる、などのリアル・イメージトレーニングをしてみるのです。

1日のうちのたった数分です。

もしその感覚に同調できてそのまま過ごせたら、いつのまにかあなたが叶えたい願いと同じ感覚にまで、体も思考も感情も、もっていくことができます。

自分の願いが叶った状態がどんな感じかを体感でき、達成した時の感覚が理解できれば、必然的に今の自分の状況――その夢や目標が叶っていない自分や、今の生活や居場所に違和感を感じ始めることでしょう。

こうして、あなたは「願望達成体質」になっていくのです。

そして、最後に忘れてはならないのは、願望達成のためには、自分を軽くしておくこと。

今まで持っていたものをすべて持っていこうと思うと、重くなってしまいます。

今までのものは古いエネルギー。

執着、思い込み、いらない人間関係、不安、恐れ……は捨てて、フットワークも軽くし、体も思考も軽い状態で前に進みましょう。

捨てるためには、まず、「不快」を感じている状態と「心地好い気分」になっている状態の違いを理解しましょう。

少しでも「不快」を感じているのに気づいたなら、何か違う行動（立ち上がったり、ほっぺを軽く叩いたり）をして、その感情を遮断《しゃだん》してください。

常に自分が心地好い気分でいるほうを選択し、行動するのです。

そして、絶対に捨てるべき物は、「望みを叶えるのは難しい」という思い込み。そう言ったり思ったりしていると、必ずやそちらの「難しい」という思いのほうが叶ってしまいますから要注意です。

2章

美人のクチグセ

——言葉で自分をコントロールする方法

*40歳からは「性格」が顔をつくる
*自信を失わせたのは誰かのアドバイス
*プラスのクチグセで生き方が変わる
*寝起きに鏡を見てはいけないワケ
*言葉のシャワーで自分をつくり直す
*ツキを呼び寄せるクチグセとは?
*「なりたい自分」のことだけ考える
*グチを言っても運気が上がる魔法の言葉とは?

40歳からは「性格」が顔をつくる

どんな言葉を使うかで表情が変わる

「40歳を過ぎたら、自分の顔に責任を持て」

あなたは、この言葉を聞いたことがありますか？　これは、第16代のアメリカ大統領、エイブラハム・リンカーンの言葉です。

なぜ40歳なのかは定かではありませんが、私の主観でも40歳というのは、人生の半分を過ぎ、生き方そのものが外見ににじみ出る年頃だと思っています。

若い頃は誰でもお肌ツヤツヤなぶん、持って生まれた目鼻立ちで美しいかどうかをはかっていると思いますが、年齢を重ねていくとそれだけでは決まりません。
シワの出方、頬のたるみ、シミの位置、それらの経年変化には必ずその人の生きてきた軌跡が表れます。それを自分でコントロールするためには、日々のお手入れにプラスして、心のありようと口から出る言葉を見直さなければなりません。

顔は、性格が表れる部分です。そして、品格は口元に表れます。

心に常に人のことを思いやる気持ちがあるのか、それとも、人を苦しめたり侮《あなど》ったりする、少々意地の悪い気持ちがあるのか。それが一番出るのが「顔」なのです。

美しい言葉や愛にあふれた言葉を頻繁に発していると、自分の脳もそれが心地好いと認識し、細かい表情筋もその考え方に沿って動きます。
たとえば好きな人のことを考えている時の顔は、どうがんばっても意地悪な顔にはならないものです。瞳孔が開き、瞳がうるうるし、口角も自然に上がり、美しい顔になります。

恋をすると女性が綺麗になるというのは本当のことです。あなたも、いつも会っている友人が恋に落ちて、突然輝いて見えた瞬間を目にしたことがあると思います。

逆に、どんなに容姿が美しい女性であっても、人に対して不平や不満ばかりを思ったり、人を陥《おとし》れるような意地悪な言葉を発していると、だんだんと意地悪な顔になっていきます。表情筋のクセも、次第に意地悪なものが定着して、40歳を過ぎると綺麗に見えなくなってしまうのです。

シワというのは洋服の折りジワのようなものですから、毎日の表情を決める心のあり方と言葉の使い方がいかに大切かわかると思います。

「表情」で性格を変えることもできる

アメリカの心理学者シルバン・トムキンスは、「人は、楽しいから笑うのではなく、笑うから楽しくなる」という「表情フィードバック仮説」を述べた人です。

通常は、嬉しいことや悲しいことが起きて感情に刺激を受けた時に、脳がそれを喜びなのか悲しみなのか判断し、ふさわしい表情をするように顔の表情筋に指令を出します。

ところがこれには逆のアプローチもあって、表情筋が笑ったり眉間にシワを寄せたりする動きから、脳が喜びや悲しみの判断をし、それにふさわしい感情を抱かせることがあるというのです。

これが、トムキンスが提唱した「表情フィードバック仮説」です。脳と表情筋と感情は常に連携プレイをしているんですね。

人の悪いところにばかり目がいき、あら探しがクセになってしまうと、無意識に、眉間にシワを寄せたり、人を見下すような表情が刻まれてしまうことになります。人のことを悪く思っている時に、口角を上げることは難しいですよね。

でも、人を褒めている時や美しいものを見ている時、人の表情は安らぎ、自然と美しくなります。

また、「表情フィードバック仮説」によれば、ムリヤリでも笑顔をつくることで脳が騙されて、ポジティブな気持ちになるわけですから、どうしてもネガティブにフォーカスするクセのある人は、とりあえず口角を上げることから意識しましょう。

多く経験した感情や表情が、その人の顔をつくっていきます。顔もクセでできているのです。

◎ 言葉の習慣を変えること
◎ 他人のよいところを見ること
◎ 常に笑顔を心がけること

こうした日々の心がけが、あなたの容姿も表情も、そして行動さえも、美しいものへと変化させてくれるでしょう。

脳と表情のクセを変えるのは、反復作業しかありません。

ネガティブな性格も変えようと思えば必ず変えることができます。

自信を失わせたのは誰かのアドバイス

言葉は誰かの未来も決めてしまう

私のクライアントのAさん。彼女は自他ともに認める男っぽい人で、それは外見にもよく表れていました。スカートも花柄の服も女性らしい色の服も着たことがなかったのです。

私のセッションには、彼氏が欲しいという内容でいらしたので、そのようにコーチングした結果、まず外見を変える必要があることに気づき、プロに外見プロデュースを頼むことになりました。

その時、私が一つだけアドバイスしたことは、「女らしい格好で行ってみて」

ということ。彼女はそのことに違和感を持ちながらもスカートをはいて、イメージコンサルタントとカラー診断を手に、買い物同行に出かけたのでした。

その時イメージコンサルタントから言われた言葉は、「あなたは女らしいから華やかなファッションと明るい色が似合うわよ」というもの。

Aさんは、「あなたは女らしいから……」という言葉にビックリしましたが、あまりにも嬉しくて、何度もその言葉を頭の中でリピートしたそうです。

すると次第に、今まで着ていた男っぽい服に違和感を感じ、スカートが大好きになり、女らしいファッションを楽しめるようになったのです。その後、彼氏もできました。

「あなたは女らしいから」というたった一言が彼女を変えたのです。

ここで言いたいことは、言葉というのは、長年の思い込みすら変える力がある、ということなのです。

ということは、私たちがふだん何気なく使っている言葉たちが、どれだけ顔や、体や、脳に影響があるかわかりますよね。

たった一つの言葉でも、何かを口にするたびに、私たちの体や脳は言葉のイメージを受け取っています。

言葉一つで気分が上がったり下がったり、はたまた、「あなたは女らしいから……」のように、イメージを喚起させる言葉はたくさんあるのです。

たとえば、「ゴミを捨ててはいけません」と言われると、ゴミを捨てているところをイメージし、急にポケットに入っていたゴミを捨てたくなる人もいます。

「酸っぱい梅干しを食べたところを想像しないでください」と言われると、もう頭の中には梅干しが思い浮かんで、唾液が出てしまいます。

イメージと体の反応はこんなにも瞬時に連動するのです。

であるならば、親が子どもたちに言う、「ほら！　ダメじゃない」の「ダメ」という言葉はどうでしょう。

言っているほうにも言われた子どもにも、「ダメ」という言葉が脳にインプットされてしまうのです。

無意識に親が子どものためを思って言った言葉が、その子の将来にも影響を与える。そう考えると言葉は本当に慎重に選ばなければならないと思います。

赤ん坊の時、人は誰でも自信満々だった

私のもう一つの仕事であるコーチングは、その人の目標や夢、または解決したい問題や課題などに関して、いろんな視点からの質問をすることで、クライアント自らが答えを出し、解決へ向けた行動をしたくなるよう促すためのスキルです。

コーチングに来てくださるクライアントは、「自信をつけたい」というテーマを選ぶ方がたくさんいます。

いつから自信がなかったのかを思い出してもらうと、大抵の人は、他人から言われた言葉がきっかけになっています。

つまり、自分ではなくてほかの人の「言葉」を信じた時から、自分の言動に自信がなくなったということに気づくのです。

自信がないと感じるのは、ほかの人からの刷り込み（強制的な思い込み）が行なわれた結果です。

「自信がない赤ちゃん」や、「自信がない3歳児」を、見たことがありますか？

私たちは赤ん坊として生まれて、最初は立つことから始まって、一つ一つできるようになるまで何回もチャレンジして乗り越えていくチャレンジャーだったのです。

立てるようになったのも、歩けるようになったのも、自転車に乗れるようになったのも、何度も何度もチャレンジした結果です。

あなたは最初は自信満々で生まれてきたのです。

つまり、自信がなくなったのは大抵の場合、他者の言葉によって脳が影響を受けた結果です。

だとしたら、刷り込みたい言葉や理想の自分は「自分で選択する」ことにしませんか？

ありがたいアドバイスも、リーダー的存在の人が放つ強力なメッセージも、あなたがメンターと慕う人が言う名言も、鵜呑《うの》みにする必要はまったくありません。

すべては自分で選択することができるのです。


皆さんはプロのカメラマンに写真を撮ってもらったことはありますか？　またはモデルがカメラマンに写真を撮ってもらっているシーンなどをテレビで観たことはありますか？

私は年に1、2回プロフィール写真を撮るためにプロのカメラマンのスタジオに行くのですが、撮られる時にはカメラマンから褒め言葉をたくさん浴びます。

「かわいいね～」「いいよ、いいよ、すごく美人！」とか、「あ～いい表情、もっと笑って！　うん、すごくいい！」と、なんとも恥ずかしくなるような言葉をたくさん言われるのですが、最初に緊張している時の写真よりも、後半の褒め言葉に慣れた時の表情のほうが断然イキイキしていていいのです。

言葉というのはこんなにも影響力が強いのかと改めて実感します。

これは自分にかける言葉のみならず、他の人にかける言葉も同じです。

自分の言葉で、誰かの人生を曲げたいなどと誰も思わないはず。

人の話を聞いて、「それはよくない」とか「それは間違っているよ」という自分の主観で相手をジャッジしたり、相手から考える余地や力を奪ったりしないように慎重になりたいものです。

プラスのクチグセで生き方が変わる

「つらい」と言うと本当につらい人生になる

過去に私は、人生で一番つらかった時期、というのがありました。

その時期は人生が終わったような気持ちに襲われ、出口が見えない長い長いトンネルに入ってしまったかのようでした。

生きているのがイヤで死にたいとも思っていましたし、仕事にも不満だらけでやめたいと思っていました。今思えば、言うつもりがなくてもグチや不満が口から常に漏れている状態だったと思います。

今ならグチを言うことが自分にどう影響するかわかりますから、仕事のグチなどの言葉はコントロールしています。

しかし、当時はそんなことも知りませんでした。

いつも言葉に出していたのは、「こんなに働いてこれっぽっちか……」とか、お金をくださっている社長に対しては、落ち度にばかり目がいき、「社長として失格だわ」とか、社長の悪口を職場の人と話していたこともありました。

まるで、感謝の念がなかったのです。

働き先がある、給料が払われる、それがどんなにありがたいことなのか。それすら見えていなかったのです。

不幸のどん底だと思っていたがゆえ、自分以外の何も見えていなかったんでしょう。

自分が発している言葉は、脳に影響を与え、結果的に現実を左右しますから、当時の私が発していた言葉たちは、仕事がなくなることを現実化させました。

というのも、その頃社長とトラブルがあって、自ら仕事を「やめてやる！」

という形で退職してしまったのです。自分の負の感情を乗せた言葉通りに職を失ったわけです。

傲慢でした。

その時は、「ここをやめても仕事なんてたくさんある！」と思っていました。しかし、その後は正社員にこだわらない待遇で、営業の経験者で実績もあったにもかかわらず、なぜか仕事はまったくみつかりませんでした。

面接にもどんどん落ちて、心が折れるような感覚で数ヵ月過ごしました。

一人暮らしでも車は維持していたし、離婚したばかりで実家にも帰れなかったし、生活費はかかるし……。まさに貧乏のどん底。さみしい風がボロアパートと自分の心を通り過ぎる感覚に何度もなりました。

そのあとは、「生きるってラクじゃない」「人生ってつらいものなのね」と何度も思いましたし、何度もそのネガティブな言葉を実際に言っていました。

そう言っていた通り、当時は本当に生きることはラクではなく、人生がつらいものになっていたので、楽しそうにラクチンに生きているように見える人は別世界の人に見えたものでした。

ネガティブなクチグセありませんか?

こんなふうに、グチや不満を言うことが「知らずにクセになっている」のが一番危険。

「知らずに」とか「無意識に」というのは、行動の、ひいては人生の9割以上を占めています。それらが本当に私たちの人生をつくっているのです。

ですから、まずは自分にどんなクチグセがあるかを知ることから始めてみましょう。

そのあとは、意識的にグチをやめてみる、意識的にマイナスの言葉をプラスの言葉に替えて発してみる、というトレーニングをしてみてください。

性格がネガティブだろうが、暗かろうが、悪かろうが、クチグセを替えるだけで性格も人生も変えられます。

最近なんだかうまくいかないと感じているならば、自分が発している言葉に原因があるかもしれませんよ。

とくに次の例のように、習慣になっているとまずい言葉に数多くチェックが入る人は、要注意です。

□つまんない

□めんどくさい

□お金ないな～

□あの人嫌い！

□あの人が悪いんだ！

□サイアク

□また太ったな～

時には、心にたまったつらい言葉を発するのは悪いことではありません。

でも、いつもそうして誰彼かまわずマイナスの言葉を発していますと、心が負のスパイラルに入ってしまいます。

もし、前述のようなマイナスの言葉のクセが多いならば、逆にポジティブな言葉を少しずつ増やすように心がけてみましょう。

□楽しい〜、嬉しい〜、ラッキー
□それ似合うね！　素敵！
□お金はたくさんある
□みんないいところがあるね
□健康ってありがたいな
□運動すると気持ちがいい

これらを意識的に言うようにすると運気も上がり、いいことがどんどん現実化していくはずです。

うまくいっている人というのは、いい言葉を発し、いい行動をしている人たちばかりです。

いいことだけでなく、悪いことも口にすればすぐに叶ってしまうほど、物事の仕組みはシンプルで簡単なもの。

「簡単なこと！」と単純にとらえて、すぐにやってみてくださいね。

きっとすぐに思わぬハッピーが飛び込んできます。

寝起きに鏡を見てはいけないワケ

「ブスな自分」を反省しない！

ふとした時に自分の顔を鏡で見て、とんでもなく「うわ……すっごいブス」って思ったこと、あなたはありますか？

悲しいことに私はしょっちゅうあるのですが、それはたとえば親とケンカして暴言を吐きまくったあと（笑）。ストレスが高じて、イライラが続いた時。または、朝方まで原稿の執筆をしていて、睡眠不足の次の日の朝。お酒を大量に飲んだ次の日の朝……。

どんな人でも、メンタルが落ちている時や、健康じゃない時、体に無理がきている時は、元気な時よりも外見に影響が出てしまうものです。

しかし、そこでお伝えしたいことがあります。それは、

そんなことはよくあること。

だから、あまりそこに注目しない！


ということ。

誰でも、心と体が万全ではない状態の時、たとえば寝起きの時などに鏡を見て「うわ……」と思うことはあります。

加えてもし、伸びたTシャツとジャージ姿にスッピンで、誰にも見せられない家用のメガネをかけていたり、髪がボサボサだったら、当然どんな美人でもいつもより外見は落ちているはずなのです。


まずは、そうした、自分の身なりに手をかける前の自分の姿を見ながら、

「ブス」だの「ブサイク」だの、がっかりした感情を持つのはやめましょう。とくに、鏡を見ながらそんなことを決して言葉に出さないでください。決してです！

というのも、自信が持てない姿にフォーカスすることは、そのままダイレクトに潜在意識へ自己否定のインプットをすることになってしまうからです。

感情を乗せた言葉は、脳内のリアルな感覚に訴えかけるので、潜在意識にそのままインプットされやすいのです。

もし、あなたが朝起きて鏡を見るたびに、ため息をつきながら、「ずいぶんと老けたわ」とか、「若い頃と比べてシワが深くなった」だの、「ほっぺがたるんだ」だのと鏡を見ながら言っていたとしたら、とても恐ろしいことをしていることになるのです。

あなたの潜在意識は、そのままそれらの言葉たちを飲み込んで、脳や全身の細胞で、「もっと老けろ！」「シワが深くなれ！」「たるめ！」と指令を出してしまうことになるのです。

万が一、「私ってやっぱりブスだわ〜」と思ってしまったら、即座に「キャンセル！」と感情が乗る前に遮断してしまいましょう。

人を褒めても綺麗になる？

潜在意識は、肯定文も否定文も、他人への言葉も自分への言葉も区別しないでそのままストレートに受け止めます。

ということは、毎日毎日「私ってブスだ……」とか、「あの人ってブスね」って思っていたら、潜在意識に「ブス」という言葉が刻まれ、体にブスになる命令を出すようになってしまいます。つまり、ブス度に拍車がかかってしまいます。

ですから、もし鏡を見て声がけをするとしたら、綺麗にメイクして、身支度して、その後に、「よし！　綺麗になった。何だか最近肌の調子がいい！　今日も元気に、笑顔でいこう！」というように、ポジティブワードを自分に投げかけてください。

それでも、どうしても鏡を見て、自分に向かって、「綺麗」だとか「美しい」とか、「私は美人」などのように声がけできないという人。そんな人は、とてもよい方法があります。

それは、「他人を褒めること」です。

本当の美人に対してなら、心から、「美人ですよね〜」って言えますよね。事実だから。

他人を褒める場合、自分の時のように否定する思いが出てきませんから、心から言葉にすることができて、効果絶大です。

潜在意識は、誰に向かって発した言葉かは関係なく、ポジティブな言葉だけ聞かせればいいわけですから、それを利用するのです。

しかも、褒められた相手が喜んでくれたら、そこからとてもよいコミュニケに褒め言葉がかけられない方には、一番のおすすめです。

一方、他人への悪口や意地悪な言葉たち、批判、否定、ネガティブな言葉たちは、他人に言っても、陰で言っても、心の中で思っても、そのまま自分の潜在意識にインプットしていることになります。

ですから、人の悪口を言っている人たちの顔は美しくないのです。

それを来る日も来る日も言葉に出していたら、その言葉たちで、私たちの体も細胞もつくられてしまうのです。

自分の嫌いな人のことを言っているのに、言ったことで自分がブサイクになるなんて、もったいない話ですよね。

ですから、嫌いな人について話すよりは、好きな人、美しい人についてポジティブな話をしましょう。

そして、たまには自分の顔を鏡で見ながら、たった一つでもいいので「あら、ここは、かわいいじゃない？」とか「綺麗じゃない？」なんてところを見つけてそこにフォーカスしてみることをおすすめします。

容姿は言葉でどんどん変わるものです。

それを信じた者だけが、もっともっと自分の思う方向に変化を遂げていくことでしょう。

今日から、決して自分をブスだなんて言わないでくださいね。

私たちは美しい言葉と美しい心で、外見ももっともっと美しくなっていくことができるのですから。

言葉のシャワーで自分をつくり直す

人は他者からの言葉で「セルフイメージ」をつくっている

セルフイメージをアップするとか、なりたいセルフイメージを持つ。これは人生を変えるほど大きなことです。

ところで、セルフイメージは「セルフ」というくらいですから、自分でつくっていると思われる方も多いですが、実際は違います。ほとんどの場合、まわりからあなたに投げかけられる言葉でつくられています。

たとえばあなたは、同じ言葉を数人から言われたことがありますか？

「○○さんて、マジメですね」とか「○○さんて明るいですね」など。

数人から言われると本当にそう思えてくるもので、自分でも無意識にその言葉通りの人になろうとするものです。

ですから、まわりから言われる言葉には注意が必要です。

他の人から言われたことをそのまま鵜呑みにしてしまうと、それがいいセルフイメージをつくる励ましの言葉ならばいいのですが、自分の心を傷つけるものだったりすると、やっかいなものになってしまいます。

とくに、幼少時代に刷り込まれた言葉たち、または子どもの時に傷ついたその心は、死ぬまで根強く残っている人もいるのです。

ですから、自分の心は自分で癒し、健全なセルフイメージをつくらねばなりません。もし、あまりいいセルフイメージを持てないなら、自分でセルフイメージを書き換えてしまいましょう。

そんなに難しいことではありません。

むしろ、なりたい自分のセルフイメージを書き換えられるなんて、素敵なことではないでしょうか？　どんな自分でもつくれるのです。

◎なんでもサクサク行なえる行動力がある自分
◎明るくて前向きで笑顔が絶えない自分
◎綺麗好きで掃除が大好きな自分
◎人が大好きで人とのコミュニケーションがうまい自分
◎経済的にも豊かで他の人に与える精神がある自分

まだまだ自由奔放に自分のセルフイメージを決めることができます。

ただし、一回構築されたセルフイメージを書き換えるのは、一度や二度の言葉がけでは足りません。

回数を重ねてしっかりイメージを書き換えましょう。

「セルフイメージ」を変える3ステップ

たとえば、英会話を習得したいと思った場合に一番いい方法は何でしょう？

一番早いのは、英語圏に住むことです。最初は何を言っているか分からなくても、言語のシャワーを何度も何度も浴びると、なんとなく言っていることが分かってきたりしますよね。

このように、**言葉のシャワーは私たちの心の奥底に浸透するもの**です。

ですから、潜在意識に刷り込む方法は、いくつかありますが、次のことを実行してみてください。早い段階であなたのセルフイメージは変化していくことでしょう。

◎ 自分が元気づけられるポジティブな話が収められている音源を聞く
◎ なりたい理想の人が発する前向きな名言を真似して自分も言ってみる

◎ 自分のモチベーションが上がる本を、声に出して読み続ける
◎ 何度も、理想の自分になるためのアファメーションをブツブツ言う

そのようにしてありとあらゆる方向から言葉のシャワーを浴び続けることで、早く理想のセルフイメージがつくられていきます。

人間が何かの結果を得るのには、たいてい3ステップがあります。

1ステップ　思考する
2ステップ　言葉にして発する
3ステップ　行動する

これらの中で大事な要素は「言葉にして発する」ということ。

言葉のシャワーを浴びている時に、いい言葉だな、元気が出る言葉だな、と思ったら、その言葉に感情を乗せて自分でも言ってみましょう。

いい言葉のシャワーをたくさん浴びて、その中でもとりわけ、自分の好きな言葉を書き出して、声に出して言ってみるとさらに効果的ですよ。

ツキを呼び寄せるクチグセとは？

不可能を可能にできるのは自分だけ

どうしてもやる気が出ない時、やることがいっぱいで全部投げ出したくなる時、あなたはどんなふうに思いますか？

「なんで私ばっかり！」とか、「もう仕事やめたいな……」とか思っていませんか？

ネガティブな言葉は、ただの逃げや思い込みでしかありません。

自分の限界は自分でつくるもの。

自分で「苦手」と言った時点で、それは本当に苦手になってしまいます。

言葉一つで行動全体が影響を受けてしまうのは、脳の特性なのです。ぜひ、いい言葉で気分を上手にコントロールしてしまいましょう。

方法としては、いつも言っているネガティブワードをポジティブワードに替えるだけ。つまり、**否定文を肯定文に替えるだけ**。

ちなみに我がサロンの合言葉は、どんなに具合が悪くても、お互いに「調子はどう?」と聞かれたら、「絶好調っ!」と答えなければならないというもの。

最初は、小さい声で「絶好調……はぁ～」とため息まじりで答えたとしても、「絶好調……」「絶好調!」「おおお―――! 絶好調―――っ!!」と、気分をピーク状態に持っていくのがお約束です。

バカらしく聞こえるかもしれませんが、本当に体も心も絶好調になったような気になるものです。

言葉に感情も体も反応してくるのです。どうぞお試しあれ!

悲しい出来事も「学び」と思えば「幸運な出来事」になる

しかし、「運気が上がってる！」とか、「調子がいい！」「絶好調！」といくら自分で思おうとしても、思えない時も必ず訪れます。

つまり、悪いことが重なる時。

それを断ち切る秘訣は、「悪いことが起きるというのは不幸なことである」という思い込みをやめることなのです。

こう思ってみてください。「これは自分にとって必要な学びだった。ここからの教訓は何だろう？」と。

そしてその教訓を得られたことを前向きに受け入れられた時に、また運気は戻ってくるのです。

「正負の法則」というのを聞いたことはありますか？

これは「何かを得たら何かを失う」というものです。

つまり、人生にはよいことも悪いこともあるよ、人生プラスマイナスで公平、ということです。

私も実際のところ、本当にそう思います。

悪いことが起きない人などいません。

しかし、見方を変えれば、悪いことはすべて不幸につながるとも限りません。

人生の中で起きることは、すべて「学び」であり、そこから教えを得た者は「不幸」ではなく、「成長」していくきっかけをつかむのです。

人生で起きることすべてに意味があると思えば、それに「負」の意味づけをしなくてもいいのです。

悪いことが起きても、「負」というよりも、「どんな学び？」というふうにいい方向に考えてみると、人生、「正負」ではなくて「正正」にもなるのです。

負の出来事は、渦中にある時はつらいかもしれませんが、時が過ぎてそこからの学びを取り出すと、やはり自分の成長のために必要な経験だったと、「正」に転換できる時が必ずきます。

ツイている人というのは、そのような前向きな考え方と、前向きなクチグセを発している人なのです。

「なりたい自分」のことだけ考える

過去に原因を探すのはやめよう

昨今、「自分探し」「自分磨き」「自分癒し」という自己を向上させるための情報に反応する女性たちが、増えています。

誰でも、よりよい人生を送りたい、イキイキと輝きたい、という願望がありますよね。

そのような理想の生き方、理想の自分になるためのちょっとしたコツがあります。それをこの項目でお伝えいたします。

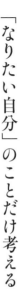

それは、なりたい自分になるのも、叶えたい夢を実現するのも、視点は「現在」と「未来」におく、ということ。

たとえば、心理カウンセリングとコーチングの違いは、「視点がどこにあるか？」にあります。

カウンセリングの場合は、過去にフォーカスします。解決したい問題があった時、なぜそうなったのか？　の「原因」を過去に戻って探し出します。「原因」を見つけたら心理療法などで癒したり、話を聞いて心のブロック（マイナスのセルフイメージやトラウマの原因になっているもの）を解いてあげたり、話をよく聞いてあげたり、承認をしてあげて、その人の心を軽くしてあげます。

コーチングの視点は「現在」と「未来」にあります。

過去に何かを達成できなかった原因や理由を多少参考にはしても、ほとんどフォーカスしません。

「原因」よりも、これからどうありたいのか？　どうなりたいのか？　を聞き出し、クライアントの視点を「未来」に向けて、今の行動を変化させていくのです。

もちろん、多少クライアントの傾向を知るうえでは、過去の失敗体験からの教訓を引き出すことはあっても、コーチングの基本は、前へ前へと視点を向かわせることにあります。

「理想の自分」「なりたい自分」「叶えたいこと」「やってみたいこと」を想像し、「やれたらどんな気分になると思うか？」「どんな価値を手にできるか？」「もし何もしないでいたら、その時の自分はどんなふうになっているか？」……などなどを具体的にイメージングして、将来に目を向けていきます。

これは未来志向なので、非常に前向きなアプローチです。

たとえチャレンジしたことが成功しなかったとしても、「なぜ成功しなかったと思う？」「何がいけなかったんだろう？」などのような、過去に戻るようなことに多くの時間を費やすこともありません（もちろん、参考になる点は現実的にしっかり向き合います）。

それよりは、「じゃあ、何かいい方法はない？」「別のできそうなことって何かある？」のように、これからできる未来にフォーカスしていくので、失敗体験として記憶に残らないようにするのです。

コーチングでは、失敗は失敗ととらえないのが基本。

失敗というのは、成功しなかった事実を得ただけ……うまくいかないやり方がわかったという貴重な情報を得ただけなので、非常に心が軽いわけです。

時間の流れの中で重要なのは、「今」。

いったん視点を未来に向けてワクワクできたら、「今」に集中して一生懸命生きるだけです。

過ちは繰り返さないようにできる

私のクライアントの中にも、トラウマを抱えている方がこれまで幾人もいらっしゃいました。しかし、それらの方々からは、そのつらかったことを延々と聞くことはしません。

いったん吐きだしてもらったら、そのあとは原因を追究したり癒しの方法を考えたりはせず、

「これからどうなっていきたいのか？」

「その件に関して理想の自分とはどんなふう？」

「そのためには今、何ができると思う？」

と視点を未来に向けて、クライアントの最高の理想を聞くだけで、驚くほど本人から答えがたくさん出てきます。

そして、特別に過去を癒すような行動をとらなくても、自分で問題を克服して明るくなっていきます。

過去のことを繰り返したくないと思ったら、もう過去にフォーカスするのをやめてください。

なぜなら、フォーカスしたものは増大し、実現してしまうのです。過去の嫌な体験に何度も目を向けていると、そのつらかったイメージに引っ張られて、同じ行動をするようになってしまいます。

この手法は、過去の嫌だったことを見なかったことにする、臭いものにフタをする、というのとは違います。

過去のことを誰かに聞いてもらうことで気持ちを解決したならば、もう視点は「今」、そして未来のなりたい自分のほうに向けて、よい未来を選択していくということです。

しかしながら、効果的な過去の思い出し方、というのもあります。

それは、過去の成功体験を思い出してワクワクしたり、モチベーションをあげたりする方法です。

過去の成功体験を思い出してその時の感情を思い出すと、成功イメージが高くなります。

過去にフォーカスする時は、楽しかったこと、心地好かったこと、成果が出たことなどにしましょう。

視点は大事です。

脳には、未来脳と呼ばれる部分があります。

未来を想像していくと、その細胞が活性化されていくのです。

ワクワクするような未来に視点を向けたら、あとは今に集中して生きていきましょう。未来に視点を向けた途端、そこへ向かって行くための道筋ができたも同然なのです。

グチを言っても運気が上がる魔法の言葉とは？

グチは心の浄化作用

言葉が体にもたらす影響力について、ここまでの項目の中で扱ってきました。

そして、マイナスな言葉よりもプラスやポジティブな言葉を遣うことの大切さもお伝えしましたね。

それでは、これから一切のグチを言ってはいけないの？　と思われた人もいるかもしれませんが、もちろんそんなことはありません。

以前勤めていた会社にいた、Mさん（32歳）を例にあげてみましょう。

彼女は、いつもいつも「疲れた〜」を連発していました。

朝出勤すると開口一番、「昨日の夜遅くまで飲んでいて疲れたぁ～」。営業から帰ってきては「階段多くて疲れたぁ～」。せっかくの週末の金曜日まで、「あぁ～、明日は家族で出かけなきゃならないんだった、疲れるぅ～」……聞いているこっちが疲れるわっ！　と私はいつも心の中でツッコミをいれていました。

文字通り、Mさんは本当にいつもやつれた顔をしていました。いつもダルそうな顔と体。言葉通りのことが彼女に起きていました。

口からこぼれる言葉たちがより一層疲れさせ、顔や体を老化させてしまったのです。

ですから、「そういうネガティブな言葉は言わないこと！」……と言いたいところですが、それは違います。

多くのポジティブ思考推進者の人々は「前向きにいこうよ！」と言うかもしれませんが、私たちは、心にたまったネガティブな言葉をやっぱり吐きだしたい時もあるものです。

どうしても心が苦しくなったり、「疲れた〜」と言葉に出すだけで、または誰かに聞いてもらったり受け取ってもらえたりするだけで、疲れが和らいだり癒されたりすることもあります。

心理学用語でいう、カタルシス効果（浄化）ですね。

つまり、グチを吐き出すことは、確かに心の浄化作用があるのです。

しかしながら、冒頭に出てきたMさんのように、ネガティブな言葉ばかりいつもいつも発していたら、心も体もどんどん疲れてしまいます。

では、どうすればいいのか。

ネガティブを帳消しにする魔法の言葉

私のおすすめは、心にたまったネガティブなものを吐きだしてから、その後はプラスの言葉で終わること。

文末を必ずプラスの言葉で終わらせるようにクセづけると、いつのまにかいつもプラスの言葉が自然に出てくるようになります。

最初は意識しないと出ませんが、慣れれば自然とプラスの言葉が出るようになっていきますよ。

たとえばものすごく疲れた時にはこんなふうにプラスで終わらせてみてください。

「はぁ～、疲れたぁ～……だけど、がんばった自分って偉い～！」

「疲れたぁ～……でも、楽しかった～！」

脳は感情が入っている言葉を敏感にキャッチします。

ぜひ最後のポジティブな言葉のほうに感情を乗せて締めましょう。

また、毎日を輝かせるために必要なとっておきの魔法の言葉もあります。

それは、「今日も1日よくやった～。明日もいいことありそう!!」というもの。

1日が楽しかった、という記憶を脳に覚えさせるのです。

それだけで、すべての日が素敵な1日だったと脳に認識させ、毎日が楽しい人生をつくりあげていくことができるのです。


そして最後にもう一つ大切なこと。

誰かに自分の心にたまったものを吐きだしたあとは、それを受け取ってくれた相手の心が重くならない配慮をすること。

他の人にネガティブな話をした際も鉄則です。

話は、元気に明るくポジティブに終わること。

それはお互いのためでもあり、その話を聞いてくれた相手への敬意でもあるのです。

3章

美人の朝習慣

——1日の始まりが輝くエクササイズ

* 朝を変えると人生が変わる
* 30分早起きして自分を養うことをする
* 朝のアファメーションで1日を変える
* 今日を幸せにする練習

朝を変えると人生が変わる

1日が変わり、1週間が変わり、人生が変わっていく

あなたは、朝起きて開口一番、どんな言葉を発していますか？　朝、第一声でこんなことを言っていませんか？

「あ〜あ〜、今日も会社かぁ〜。ダルい〜、いやだなぁ」

「はぁ〜〜〜（深いため息）、眠い……」

これは、心の中で思っても同じこと。

これからはこうした言葉の代わりに、あなたの1日が格段にさわやかに、そして1日を軽やかに過ごせる方法として、朝目覚めたら必ずこう言ってくださ

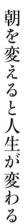

い。

「ああ〜、よく寝た〜。今日もさわやかぁーっ！　いいことありそう！」

しかも、口角を上げて、笑顔でさわやかに言ってみてください。

ポイントはダルそうにせず、さわやかな顔をして言うことです。

これは大変効果的です。

365日続けてみたらどんな効果があると思いますか？

今の自分が好きになれなくて、変わりたいのに変われないと思って何年もたっているなら、朝の第一声だけでも変えてみましょう。

そして、それをまずは1か月続けることを目標にしてみてください。きっと次にとる行動が変わってくるはずです。

行動や人生を変えたいと思ったら、まずは、朝のクチグセを変

えてみることはもっとも効果が短期間で出やすい方法です。

1日が変わり、1週間が変わり、1か月がたった頃には人生まで変わっているのです。気づけば、言葉に発した通りの人生を歩んでいることでしょう。

自己暗示で美人になる方法

言葉はもちろん、ポジティブなほうがいいのですが、しかし、人は感情の生き物であって、感情のうち少なくとも半分はネガティブな部分があります。それをすべて排除するわけにはいきません。

ネガティブになっている時というのは、とかく感情的になりがちです。

でも、その時、たった一つの質問をするだけで感情の渦からポン！　と抜け出せます。

その質問とは「私はなぜ今こういう気持ちになっているのだろう？」というもの。

たいていの場合ネガティブな気持ちは、自分の大切にしているものが軽々しく扱われたり、自分の気持ちや価値観が無視された時に起きるものではないでしょうか。

たとえば仕事上で大切にしてきたことを「意味がない」と言われたり、健康を考えた食事を「おいしくない」と言われたり……。

でも、逆にネガティブな気持ちを逆算することで、自分が大切にしているものがみつかることもあるでしょう。そんなときには「ああ……私はこういう気持ちを大切にしていたんだ……」と認識するだけで気持ちが軽くなっていくものです。

こんなふうにネガティブな感情から学ぶことはたくさんあるのですが、あなたの感情の大部分をネガティブで占めてはなりません。

クチグセやひとり言は、できるだけポジティブにしていたほうが行動が伴ってきます。

アメリカのリー・ミルティアというコーチは、朝起きたら一人で洗面所に入ってきっちりドアを閉め、鏡に向かって、まずこう言うそうです。

「気分最高！」

「今日も素敵！」

つまり、鏡に向かって朝一番に自分にポジティブな暗示をかけるのです。

私もこれは毎日実践しています。

言葉がけは無料でできる美容法です。それで綺麗になるなら1日何回でもやりますとも！　両手で頬をおおい、

「キレイね～、かわいいね～。肌もぷりぷり」

……私の場合も、やはりドアは閉めてやりますが（笑）。

自分一人の時はそんなふうにしてテンションが上がる言葉を毎日毎日自分に向かって声がけしてみてください。それを続けていると、細胞がきっと大喜びしてイキイキしてくることでしょう。

誰に迷惑かけるわけじゃない。
自分の細胞が喜び、本当にそうなるのなら、洗面所のドアを閉めて、ぜひ
「今日もかわいい！　素敵！」
と笑顔で声を出して言ってみましょうよ。その日1日がきっと輝き出します。

30分早起きして自分を養うことをする

悩むなら太陽の下で

1日を心地好く過ごし、幸せな気分でいるためには、言葉だけでなく「朝の過ごし方」も大切です。

私は、コーチングを行なうクライアントには朝イチのセッションをすすめています。

平日なら仕事に行く前。1日のスタートをコーチングのセッションで前向きに始められるし、その日は1日中物事をサクサク行なえるような、「快」スイッチが入るからなのです。

これを体験してから、セッションがない日でも30分早く起きることを続けて、自分磨きのために時間を使うようになったという人もたくさんいます。

「成功者は皆、早起きである」という格言もありますが、ここでいう早起きとは、朝の4時、5時のレベル。ここまで早起きするには相当な生活改善をしないといけません。でも30分なら誰でもチャレンジできますよね。


私たちは太陽に支配されて生きています。

太陽が昇り朝日が目に入ると、交感神経のスイッチが入り、活動的になるのです。これは人間のサイクルです。

もし、太陽が昇ってもいつまでも寝ていたら、自律神経が整うための大切な脳内物質であるセロトニンも放出されず、体内時計も狂い、生産的な活動はできなくなってしまうでしょう。

さらに、夜型生活があまりよろしくないのは、何かと考えがネガティブなほうにいきがちであるから。夜に考えることは、往々にして感情的になったり、うまくいかなかった時のことを想像して不安で頭がいっぱいになったりするものです。

でも、明るい太陽の下では、人間はあまりクヨクヨと悩めません。南国の人が陽気で明るい性質なのも、そのためだと言われていますから、何か考えごとをする時には、太陽が昇った日中にするといいのです。

そのほかにも、夜型の人はうつになりやすいと言われています。うつ病とは、脳内で情報交換をしている神経伝達物質のセロトニンやノルアドレナリンが少なくなっているために起こるといわれていますが、夜更しのために朝なかなか起きられないと、セロトニンをつくるきっかけとなる太陽に当たる時間がなくなってしまうのです。

朝、出勤される際には、余裕もなくバタバタと準備して出かけるパターンが多いかもしれませんが、余裕なく出かけると忘れ物をしたり、身づくろいもどこか手抜きだったり、装いの色がちぐはぐだったりと、あまりいいことがありませんね。

その点、30分余裕があれば一度姿見をのぞいて、変なところがあれば直せるくらいの余裕が生まれます。

朝の過ごし方がよければ、その日1日の流れもよくなりますし、寝る時には達成感や満足感、充実感が得られるような1日が送れるでしょう。

時間の余裕は、心の余裕につながります。

心の余裕は、活力につながるゆえ、生産性にもつながります。

成功者の多くが早起きであるのは、余裕があり、生産性の高い朝のうちに仕事をしているからでもあります。そのサイクルができると、物事がスムースにいきます。

30分の積み重ねが人生をつくる

たとえば、朝の30分でどんなことをしましょう？

◎やる気が起きるような本を読む
◎エクササイズやストレッチをする
◎1日の計画を立てて、それを予定通りこなしているイメージングをする
◎水まわりや玄関の掃除をする
◎体のことを考えた朝食を丁寧につくる
◎何か問題がある場合、朝に向き合ってみる
◎ずっとやりたかったことを練習する
◎朝食の後、のんびり何も考えないでコーヒータイムを楽しむ

このように、朝に30分の余裕を持つだけで、できることはたくさんあります。そして、想像してみてください。もし、朝にイメージングを含む呼吸法を5分実行できて、それを一年続けられたら、自分はどんなふうに変わると思いますか？

もし、朝に、10分間香りのいいコーヒーを味わいながら、家の中の観葉植物を眺め、外の景色や空や太陽を眺め、今日1日の目標に思いを巡らすことを一年間続けられたら、どんな変化がありそうですか？

1日30分自分を高めるための勉強をしたり、自分を励ますような、または気持ちが高揚するような書籍を読むことを一年間続けられたら、人生が変わるような気がしませんか？

ちなみに私は最近の朝の習慣として、最初に口にするのは温いハーブティーと決めています。窓を開けてお香を焚き、ハーブティーが体に染み渡るイメージをしながらゆっくり味わうのです。

さらに、歯みがきしながら、スクワットやヒップアップのエクササイズ、ラジオ体操をしています。

小さな習慣ではありますが、継続していくことでボディラインも整うし、また朝に体を動かすことで、1日の活動力とパワーがまったく違ってきます。

ダラダラ起きてあわてて用事をすませるのではなく、自分の意志でやろうと決めたことを朝からちゃんとやれていることは、心の満足感にもつながっていくのです。

また、健康的な朝習慣を持つことで、体の中から美しくなっているような気になってきます。

この「その気になる」というのがとても大事。

そのマインドこそが、私たちを内面から、そして細胞や潜在意識の中から、美しくしていくのですから。

そして、それらがメンタルの安定にもつながっていくのです。

このように、朝に30分の余裕を持つと、生き方が変わってきます。

そして、太陽の下で思考すると、夜の思考とはまったく違い、驚くほどポジティブになり、考え方が明るくなります。

そのためにも、夜は30分早く寝て、朝の時間で自分を成長させるような習慣をするよう心がけましょう。

継続できたら何かが変わるはずです。

朝のアファメーションで1日を変える

頭ではわかっていても心が否定する

目覚めのアファメーションは大変おすすめですが、どうしてもうまくいかないという人もいます。それはなぜでしょうか？

なぜかと言うと、自分の意識（顕在意識）では刷り込みたくても、潜在意識（無意識的な部分）からその言葉に対して否定の嵐が起きているからです。頭では分かっていても、心が抵抗するというイメージです。

たとえば、「私は美しい」というアファメーションを言ったとしても、「そんなわけない」とか、「私はお金持ちです」と言っても、「実際は貧乏だし」など

のように、潜在意識では刷

つまり、そのアファメーションの言葉を自
葉に違和感と疑いと否定の嵐が起きるわけです。

自分で到底信じられないような言葉では、なかなかアファメー**ションの効果が出ません。**

ですから、人によってはアファメーションの効果が出ないことがあります。

現実とかけ離れすぎていると、なかなか潜在意識にインプットしづらいものです。

アファメーションはちょっとハードルを下げた形の文章、または、自分が心から信じられる言葉を作成して言ってみることをおすすめいたします。

単語アファメーションでも効果がある

一般的にアファメーションは現在形や過去形で言うのですが、言いきること

に違和感がある方は、現在進行形で言ってみてください。

「私は……になりつつある」とか、「私は〇〇を少しずつ実行している」などです。

それでも違和感がある人は、さらにハードルを下げましょう。

最初はアファメーションを文章にしないで、自分に取り入れたいと思う要素の単語を何度も言ってみることです。

単語であっても「言葉」は非常にパワフルですので、その単語を単語帳やカードに書き込み、暇があればいつもその単語を目で追うとか、声に出して読んでみるとか、さらには何か自分のやる気が出るアクションやポーズなどと一緒に言葉に出して言ってみること。これはけっこう効果があります。

たとえば、「愛」「思いやり」「富」「豊かさ」「成功」「優しさ」「達成」「謙虚」「持久力」「自信」「氣」「のんびり」「活力」「笑い」「元気」「調和」「理解」「ユーモア」「ゆるさ」「自尊心」など、好きな単語を並べていつも眺めるだけでも、その言葉からパワーが注入されてきます。

この単語の中にヒットする単語があったら、あなたもカードに書き込んで、パソコンの脇に貼ったり、1週間の日替わり帳みたいなものをつくってもおもしろいかもしれませんね。

長年、自分を変えたくても変えられなかった人はぜひ試してみてください。書くだけでも潜在意識にインプットすることになりますよ。


そして、もう一つアファメーションをしても効果がないケースの大きな原因をお伝えします。

それは、アファメーションの言葉に、執着がある場合です。

「変わりたい」「変わりたい」といつも思っていることは、「私は変われないのではないだろうか?」という不安が伴ってしまいます。

こういう場合は、逆に変わろうとしないことが、一番変わる方法だったりもします。

「変わりたいけど、別にこのままでも幸せ」と思った途端、執着が外れ、変化が始まります。

あるがままの自分と、今の幸せを認めた上で、願望や夢、願い、ほしい物を楽しむがごとくイメージし、楽しんでアファメーションできた時が、アファメーション効果がもっとも高いのです。

今日を幸せにする練習

波動をよくする「感情トレーニング」

アファメーションは、なりたい自分になる、またはほしい物を手に入れるのに最強のツールですが、もっともっと効きめを強くするポイントがあります。

それは、「自分が幸せでいること」。


心地好さを感じたり幸せな気持ちになると、波動が高まります。

幸せなエネルギーは波動が高く、そして、ますますあなたが幸せだと思えるいろんなよい事柄を引き寄せるようになります。

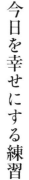

あなたの身のまわりにも、ツイてる女の人はいませんか？もしいるとしたら、ぜひ彼女を観察してみてください。きっと、いつもニコニコして楽しいことを積極的に探し、自分を気分よくしているはずです。それは、自分の機嫌をとっているのです。そして、同じような事柄を引き寄せているのです。

逆に、競争心や恐れや不安からくる感情は、それに類する事柄を呼びよせてしまいます。

ですから、常に私たちが幸せで心地好い感情でいることは、それに類する事柄を引き寄せるのに、とても大切なベースになります。

何かうまくいかないことが多いと感じる人は、実はここの基本的な土台がうまくできていないことが多いのです。

なりたい自分になるいちばんの近道は、常に幸せな気分でいることや、気持ちいい状態でいることなのです。

苦手な人は、小さなトレーニングから始めてみましょう。

ポイントはまず、前の日の夜眠る時です。

今日過ごした1日の中で経験したいいこと、または、感謝すべきことをブツブツ言いながら満たされ感MAXになって眠ること。

何もなかったということはないでしょう。必ずあるはずです。

それらを思い出しながら一つ一つに「ありがとう」を唱えながら眠りについてください。

これを毎日していると、脳が幸せ探しが上手になり、ありがたくない出来事は上手にスルーするクセづけができます。

そしてさらに、日中も数回、どんな小さなことでもいいので、「ありがたい！」の出来事をたくさん数え上げてみてください。

どんな小さなことでもです。

たとえば、

◎ 朝、どこにも痛みを感じず目覚められた

◎いつもおいしいコーヒーが飲める
◎通勤路、青空と銀杏の黄色の葉っぱのコントラストが美しかった
◎職場で、上司に字がうまいと褒められた
◎友だちから、チョコをもらった
◎ランチで「本日のデザート」に、大好きなプリンが出た
◎読書していたら、大好きな言葉に励まされた
◎転んだけど、怪我しなかった
◎コンビニのおつりを寄付できた

これらを毎日続けていると、幸せのハードルが低くなり、些細なことでも幸せを感じ取るセンサーが敏感になります。

人は、幸せだと思った瞬間に、幸せになれるもの。

そして、その幸せ思考は伝染性があります。

あなたが幸せを感じているとまわりの人も幸せになっていき、相乗効果でま

すますあなたは幸せになります。

そんなふうに日常の小さな幸せを数え上げているうちに、人生捨てたもんじゃない、という気持ちになってくるものです。

自分の感情を自分で選択する

今日から、夜のベッドの中では、明日の幸せの予習をしましょう。

「明日も1日幸せを感じる」と脳に設定しておくと、幸せを拾う感覚が開きます。

決めるだけで、人はそうなろうとするのです。

朝の目覚めが最高によくなり、心から幸せを感じることができた時、あなたの毎日は「ツイてること」だらけになるでしょう。

「私は、本当に幸せだ」と、執着もなく、恐れも不安もなく、ただただそのように心から静かに思えたら、大成功。

それをベースに小さな事柄がうまくいくようになったら、あとは大きな事柄もどんどんうまくいくようになりますよ。


日々の生活の中で、いかに幸せな気分、心地好い感情を持ち続けられるかが、願いを叶える秘訣。

どんな出来事があったとしても、イライラの感情を選択することもできれば、スルーするほうを選択することもできます。

怒りを選択することもできますし、許しを選択することもできます。

どちらでも自由に選べるのです。

自分の感情が穏やかで心地好いほうを選択して、今日、または明日の1日が幸せな気分で過ごせればいいですね。

これらの小さな感情の選択を実践してみるだけで、まったく違った人生になります。

毎日は、やるか、やらないかだけで差がついていくもの。

心を柔軟にして、小さなことから、どんな変化が起きるか楽しみながら、やってみてください。

まずは、1週間続けるのが目標。確実に何かが違ってくるのがわかりますよ。

4章

美人の直感力

——心の声に耳をすませると答えがみつかる

＊頭で考えないで心で感じるためのたった一つの質問

＊直感が冴えていれば、タイミングを逃さない

＊リラックスは「自分の限界」を伸ばす

＊誰かの言葉に左右されない

＊願っても手に入らないもの

頭で考えないで心で感じるためのたった一つの質問

「ぶっちゃけ、どうしたいの？」

忙しい生活をしていると、自分の心の声を聞かないで、頭で考えて行動してしまうケースが増えてしまうと思います。

自分が何をしたいかよくわからない時に問題に直面してしまうと、どうしたらいいか途方に暮れてしまいますよね。そんな時に人は、自分の心の声を聞く前に他人からのアドバイスや答えを求めてしまいがちです。

もちろんそれはそれで悪くはないし、他の人の意見を聞いてそれを参考にすることもできるでしょう。

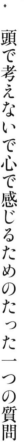

でも、まずその前に自分の心に意識をゆっくり落として、

「私は、本当はどうしたいの？」

「この件については、どうしたら解決できると思う？」

と時間をかけて自分で考えてみなければなりません。

この作業を怠ると、自分の本当の答えにたどりつく前に、人の判断に従って間違った行動をしてしまう可能性があります。自分で決めていないうえに間違ってしまったら、その時の後悔はとても大きなものになってしまいます。


そのような後悔をしたり、誰かをうらまないためにも、私が心からの答えを求めるのに一番よく使う自分への質問は、

「ぶっちゃけ、どうしたいの？」

「究極、どっちにしたいわけ？」

というものです。

「ぶっちゃけ」と「究極」という言葉は、自分の能力で現実的に手に負えるか

どうかという恐れを取り払って、心が望む答えを出してくれる作用があります。この質問で出てきた答えが心の奥からの答えなのです。

「心」とは、「思考」とも違うし、「感覚」ともちょっと違うし、非常に奥深いところ。一番表現がマッチしているのは、やはり無意識での願望でしょうか。

以前、行きつけのお店にジュエリーを買いに行った時のことでした。それはセミナー時に使用するものだったので、大体の予算を決めて行きました。予算内でいいものはありました。しかし、お店の人がすすめてきたのは予算の倍するジュエリー。それを見た時、あまりの美しさと格好よさに一目惚れしたかのように胸がときめいたのです。しかし、予算の倍ということで迷いました。

しかし、「ぶっちゃけどっちが欲しくてどちらに魅力を感じるの？」と自問したら、答えはあっさり予算の倍するほうのジュエリーでした。

もしここで、予算内の妥協したほうを買っていたらどうなっていたでしょう？　その理想のジュエリーを思い出すたびに後悔したり、後にやはりそちらを買おうと思った時には既に手に入らなくなっていたり、はたまた無事に買えたとしても、最初の分とあわせてさらに出費が増えたうえに最初に買ったものは使わなくなってしまうでしょう。

頭で考えるよりも、素直な心の声を早くキャッチして、行動に移すと人生が変わります。潜在意識の声をキャッチするのが早くなると、決断するのがうまくなっていくのです。

何かに悩んでいる人や、どっちにしようか迷っている人、人間関係で苦しい思いをしている人、自分が不当に扱われたような感覚になって、どうしようもなくしんどい人……いずれの場合にも、できるとかできない、の枠を外して、自分の心の声に耳を傾けてみると、ちゃんと答えが出てくるものです。

まずは、今日のお昼に食べるものから、メニューを見て10秒以内で決めてみましょう。直感を鍛えるトレーニングになりますよ。

疲れた心は直感も鈍らせる

また、体は元気だからまだまだイケる！　と思い込んでいたのに、心は疲れきっている、ということもよくあります。

たとえば、なんとなくやる気がでない……ミスが多く続く……何もかもがうまくいかない……などの症状の時です。

こういったケースの場合、たいていは「体を休めて」のサインです。

忙し過ぎると、せっかく体がサインを出していても見過ごすことが多くなってしまいます。見過ごすことが多いと心も鈍感になってきて、直感力もどんどん鈍くなっていくので要注意です。

それはまるで、腰痛が進み過ぎて重症レベルになると、痛みを感じなくなるのと同じです。心も鈍感になり過ぎてしまい、潜在意識の声が聞こえなくなるのです。

そんな時は思い切って、1日か2日ほど休んでみてください。

当たり前のことかもしれませんが、たくさん睡眠をとって、おいしいものを食べて、好きな映画を観たり、家にこもってDVDを観たり……。何でもいいので、心が満足することや、体をゆるめることをしてあげると、早く活力と直感力を取り戻せるものです。自分が一番「楽しい」「心地好い」と思えることを存分にしてみるのです。

人によってそれが何かは違いますが、万人に共通するリラックス法は、自然からのパワーをもらうこと。温泉なども地のパワーですし、自然の中に身を置くだけで負のエネルギーが地に吸収され、逆に地のパワーが体に注入されます。

時にはリセットと休息、それが心の声をキャッチする方法なのです。

直感が冴えていれば、タイミングを逃さない

「偶然の一致」は大切なサイン

シンクロニシティという言葉を聞いたことはありますか？　たとえばこんな経験はないでしょうか？

ふと思い出した昔の友だち。「連絡が途切れてずいぶんたつな〜」と思ったら、その日に久しぶりにその友だちからメールがくる。

なんとなく、何度も目にするあるキーワード。ある人に出会った時に、その人のTシャツにその文字がデカデカと書いてあった。

……こうしたシンクロ現象はもしかしてあなたへのメッセージかもしれませ

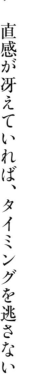

ん。

シンクロとは、「シンクロニシティ」の略で、「意味のある偶然の一致」のこと。

このシンクロニシティは、潜在意識からあなたへのメッセージなのです。

こうした偶然の一致は見逃さないでとらえてください。それは自分の人生にとって大きな意味のある出来事だからです。

直感が冴えている人は、このシンクロを逃しません。意味のある一致をしっかりキャッチして、行動して、ほしい物をつかんでいます。

スイスの心理学者カール・ユングによると、人間の潜在意識のもっと奥には集合的無意識というのがあって、すべての人の意識はつながっているという仮説があります。

私たちの体を分解して分解してそれを繰り返すと、結局、分子になります。それをもっと分解すると原子になり、原子は原子核と電子に分けられます。この原子核と電子は素粒子と呼ばれている、この世で最も小さい単位の物質で構成され、常に回転しています。つまり、私たちの体はそれら回転している素粒子の集合体なのです。

この素粒子は、「非局在的」につながりあっています。「非局在的」とは、どんなに距離が離れていても瞬時に情報が伝わり、お互いに影響を与えあう性質のことです。

つまり、素粒子間の関係というのは、時間も距離も関係なく影響しあって存在しているのです。

虫の知らせ、第六感、シンクロニシティなどにも見られるように、あなたは自分の知らないところで、誰かの影響を受けている可能性がある、というわけです。

本の中のたった一行の言葉だったり、または自分が気になっていたことを、大好きな人も興味を持っていた、などがわかりやすいシンクロと言えるでしょう。

人生の中で、自分に必要なメッセージは意外とたくさん出合っているのですが、自分の直感が鈍っていると受け取れません。

◎ 自分が心地好くない環境に身を置き続けている

◎ 食べ物が添加物だらけで、本来の人間の本能的な嗅覚の働きが鈍っている

◎ 好きでもない人とムリに付き合って、影響を受け続けている

これらを続けていると、意味のあるシンクロは、あなたの前をただ通り過ぎてしまうことになります。

せっかくたくさんの貴重な情報がきているのに、受信機であるあなたが感度が鈍い状態にある、というのは本当にもったいないことです。

「なんとなく」の感覚を信じよう

「でも、シンクロじゃなくて、ただの偶然ということもあるのではないですか？」と思われるかもしれません。確かにそういう場合もあることでしょう。

でも、本当の偶然か、意味あるシンクロなのかは直感でわかるものです。

ビビッ！　っときたり、ワクワクが止まらなかったり、気になって気になってしょうがない場合はシンクロです。

だから、シンクロが起きた時にはちょっと「考える」というよりも「感じてみる」といいです。

このシンクロで、元気になったり、パワーが湧いてきたりしたか？

この人との出会いで、ビビッ！　という感じがあるか？

気になるか？

何か、予感がするか？

……などなど。

それを感じてみた時に、あまりピーン！　とくるものがなければスルーしてもＯＫです。感情がどう動いているかを感じてみますと、どれが自分にとって必要なことで、どれが危険なことかはわかるものです。

直感は、まわりの情報を通して危険も教えてくれるし、ＧＯサインも教えてくれます。警報機の役目もしてくれるし、１００メートル走のヨーイ、ドン！のようなスタートの合図もしてくれます。

何となく「いやだな～」と思ったものには近づかない。

「うわ、なんとなくワクワクする！」というものにはちょっと勇気を出して一歩踏み出してみる。

直感で選ぶ時には、うまく言語化できないものです。「なんとなく」……の根拠のない理由こそが、一番信頼できるのです。

リラックスは「自分の限界」を伸ばす

自分が忘れていても、潜在意識は忘れない

悩みがある時、意識的な部分（顕在意識）で、なんとかがんばって答えを搾り出そうとしても、無意識の部分である潜在意識の扉は開きません。

リラックス状態の時こそ、ポンポンといろんなアイデアや自分にとって必要な答えが湧いてくるもの。

私たちの思考の傾向は、リラックス時に最大の力を発揮できるようになっているのです。

ですから、本当に答えがほしい時は、自分に「疑問」を投げかけて、あとは

ちょっと放置してみることをおすすめします。

脳は、「グレー状態」を嫌います。

つまり、答えの出ない疑問をずっと抱えておくのが苦しいのです。

あいまいな状態が嫌いで、仕事を一つ一つかたづけたいと思って動いているので、顕在意識では答えを得る前に疑問に思ったことを忘れたとしても、脳は答えを探し続けています。

だから、ぼんやりしている時にこそ、「ふっ」と思わぬ答えが湧いてきたり、降ってきたりするのです。

脳には、上行性《じょうこうせい》網様体《もうようたい》賦《ふ》活系《かつけい》という部分があり、これは一種のフィルターの役目をしています。

自分が求めていることに関して、情報を選択してくれるのです。

五感で感じとる情報から、無意識に自分の関心の高い情報だけを選んで、必要のない情報は勝手にスルーしてくれるという機能なのです。

このような機能があるものですから、もし、何か答えがほしい時は頭に質問だけ投げておけば、この部位がセンサーのような働きをし、勝手に答えを探そうとします。

メモに答えを残す

自分でも忘れていたけど、気になっていたことの答えを何気なく読んだ本の中からキャッチしたり、友だちとの会話の中からキャッチしたり……といった経験はありませんか？

あれは、脳が答えを探し続けていたからこそ、見つけたものです。

あとは、ボーっとしている時、お風呂に入って体と心がゆるんでいる時、布団に入った時、解放感を味わって、「はぁ〜ん、幸せ！」なんてリラックスしている時などは、脳の機能に加えて、潜在意識の扉も開いていますので、思わぬ答えやアイデアが湧き上がることもあります。先の項目で扱ったようなシンクロニシティが起きる時もありますね。

ただし、閃《ひらめ》いた事柄というのは、まるで自分の目の前を駆け抜ける矢のようなもので、一瞬で目の前を通り過ぎてしまいます。

ここでメモするのを怠ると、ほとんどの場合忘れてしまいます。もし寝ている時などに閃いたりした場合、翌朝にちゃんと起きてから思い出そうと思っても、たいてい無理です。

ですから、メモ帳とペンはいつも用意しておくといいでしょう。

脳や心が緊張状態だったり、ストレスフルな生活をしていると、このような求めていた答えやいいアイデアに巡り合わなくなる可能性があります。

それは人生において大切な部分、もっとも楽しい部分を損なっていると言えるくらいもったいないこと。

自分を定期的にゆるめてあげること、リラックスの時間を設けてあげること。これによって、私たちはもっともっと直感が鋭くなり、潜在意識から最高の答えを得ることができるでしょう。

新しいアイデアを生むリラックス状態は自分の限界値を引き伸ばすことにもつながるので、ぜひふだん仕事が忙しい人は、そういう時間も大切にしてみてくださいね。

誰かの言葉に左右されない

「依存傾向」にある人が占いに向かないワケ

コーチングのベースとなっている教えの中に「答えは自分の中にある」というものがあります。

コーチは、クライアントに答えを教えるのではなくて、効果的な質問によって、その人から答えを引き出すのです。

女性の多くは、占い、リーディング、スピリチュアルなことが好きですね。

そうしたものにハマる方の特徴としては、何か問題があると「占いになんとかしてもらおう」「ハッキリした答えをもらおう」、または、「自分の思っていることを肯定してほしい」と身をゆだねてしまうことです。

もちろん、こうしたことをヒントにする分にはいいですが、自分がどうしたいのかが明確ではないままに依存的に頼ると少し危険です。

なぜかというと、その種の職業の方すべてが正しいことを言っているとは限らないから。占いをする人は、その人なりのフィルターを通してのアドバイスや、その人自身が感じること、見えるものでしかアドバイスをあげられないからです。

たとえば、「あなたは○○の傾向があります。そして△△の傾向もあるからうまくいかないのです」と言われたとしたら、ここにあなたの脳を騙すような強力な刷り込みがある、ということにお気づきでしょうか？

たいていの場合はそう言われると、無意識に自分に当てはまっている部分を探してしまいます。そして自分で探しておきながら、「うわ〜、当たっている

〜」と思ってしまうのです。

これは、偽者の占い師が誰にでも当てはまるようなことを言って、信じ込ませる「コールドリーディング」という手口です。

「あなたは独立したい心がありますが、少し依存的なところもあって、ふだんは優柔不断なのですが、いざという時には決断力が素晴らしいです」

と言われて一つも当てはまらない人はほとんどいません。

多くの人は、自然と自分のほうから占いに歩み寄って、

「そうか、いつか独立したいと思いつつ、なかなか実家を出られないのは依存的な性格だからなんだ」

「確かに優柔不断だけど、最終的には自分で決断してきた……」

という具合に納得します。

さらに「あなたは○○の傾向があります」とか、「あなたは○○です」と断言されると、依存的な人はそれを鵜呑みにしてしまう傾向があります。

すると、本当にその人が言った言葉で自分を形づくって「○○の傾向がある

人」になってしまうのです。

アドバイスを求めるのは、ほどほどに

さて、コーチングのセッションの中では、時折悩み相談をされることもあります。

しかし、相談しているクライアントは、話している時、悩みと同時に解決策や、自分がどうしたいと思っているかも、相談事の中に含めて話しているものです。

本人は気づいていないのですが、私が「今、自分でどうしたらいいかの解決策を言っていましたね」とフィードバックすると、「え？　あら、本当だ！」ということが多々あるのです。これは、誰かに話すことで解決策を脳内整理しているのです。

私がアドバイスをしたり、いちいち「○○さんってこういう傾向があるね」

なんて決めつけなくても、質問をしただけでクライアントは「自分がどうしたいか」や「何を望んでいるか」や、または「解決策」もちゃんと持ち合わせているのです。

そう、つまりあなたも同じくご自身の答えをちゃんと持っているのです。

もちろん、内なるところから答えが出るまで、時間がかかることもありますが、直感を信じていれば大丈夫。

まずは、人からの主観を含むアドバイスは、いらぬ思い込みを脳に刷り込んでしまう可能性があると認識しましょう。

しっかりとした自分軸を持って、アドバイスは慎重に受け取るようにしてください。

願っても手に入らないもの

「幸運」も「悪運」も自分で呼んでいる

「引き寄せの法則」という言葉が日本で流行りだしてから、十数年になります。

「引き寄せの法則」によると、あなたは磁石のような存在です。

あなたが発する波長と同じような事柄、似たような人、同じような感情が共鳴して、自然に自分のまわりに引き寄せられる、という理論なのです。

悪い感情でいるときには悪い出来事、心地好い、よい感情でいるときにはよい出来事が起こるようになっているという説です。

コレに従って考えれば、ほしい物があるのにそれが手に入らないのは、実に単純明快な理由。

ほしいという感情の裏側にあるのは、それを持っていないという「ない」の感覚です。それを繰り返し感じるからこそ、逆に願っても願っても手に入らないという結果を引き寄せているだけなのです。

また、嫌なことを引き寄せたとしても、考え方を転換させるだけで、いつのまにかすべてがうまくまわりだすことがあります。

ある時期、私はいろんな情報をインプットしようと決めた時期がありました。ブログで情報発信していくうちに、専門的な知識が欲しくなったのです。私は好奇心旺盛で、発信している内容が幅広く、それらは最初、それぞれがまったく関連のないように思えるものばかりでした。専門的にそれぞれを掘り下げるには、お金もたくさんかかりました。

考えてみると、自分でも一体何をやりたい人なのか、まったく分からない状態でした。

それでも、直感でやらずにはいられない気持ちを優先し、自分のワクワクするチャレンジをやめませんでした。

すると、バラバラな情報やスキル……どれにも共通点がなく、まったく別々だったそれらが、ある年にすべてつながったのです。

心理学、コミュニケーションスキル、美容、イメージコンサルタント、コーチング、スピリチュアル、マナー……まだありますが、ある年に日本の11カ所の都市でセミナーを33回やったのですが、これらの学んだ情報すべてをセミナープログラムで扱うことになった時、すべてがつながりました。

それらの広いスキルは今の私のビジネスすべてにおいて、どれも必要不可欠な情報で、それを元にジャンルを横断した情報発信ができるようになりました。

また、執筆に関しても、幅広い内容を扱った本をこれまでたくさん世に送り出すことができています。このようにすべて違うコンセプトの本を世に送り出せているのも、「さまざまな情報を学び続けたい！」という直感に従った結果なのです。

「わかりやすい成功」に執着しないほうがうまくいく

引き寄せがあまりうまくいっていないと感じる人は、自分の身のまわりの出来事に注目していないことも理由の一つです。

自分の身に起きる喜ばしい小さな偶然にフォーカスしているうちに、自分が何かに導かれているかのように、必要な人に、物に、土地に、仕事に……さまざまなものにつながっていく感覚は分かってくるものです。

そして、それらの感覚が分かって敏感になってくるうちに、直感の声をキャッチするのも上手になり、引き寄せの法則をコントロールできるようになります。どうしたら引き寄せがうまくいって、何をした時はうまくいかなくなるのかがわかるのです。

こういう小さな引き寄せの成功体験をするようになってから、「私は引き寄せ名人です！」と自分でも言えるようになりました。

そして、言えば言うほど、いろんなことを引き寄せることができ、それらが、数学の方程式のようにわかりやすいつながりでうまくまわりだしたのです。

物事を常にいい、悪いに分けるのではなくニュートラルにとらえられると、とてもラクになります。

いいことだけを「引き寄せ成功」ととらえるのではなくて、ありがたくない出来事もまた、自分の人生の中で必要なこと。自分が乗り越えるべき学習材料だったりするのです。

ですから、一概に「いいこと」「悪いこと」と分類する必要もなく、いいことも悪いことも全部自分にとって「必要なこと」を引き寄せたのだと位置づけるようにしましょう。

あまりありがたくない試練や困難な状況を上手に学びに転換できた時には、次に似たような試練は起きなくなります。

同じようなことが起きる時は、まだその件に関しては修行が必要だという意味だととらえると、また違った学びが得られるようになっていると私は感じています。

幸福に満たされている時の人は、困難がなくて、感謝の気持ちも高まり、精神的にいい状態でいられます。

ということは、人生を豊かに、そしてラクに生きるコツは、いかに困難な時にいい精神状態でいられるか？　もしくは、その困難を上手にスルーするか？　ですね。

考え方をいつもポジティブに、楽観的にいられるよう努めていると、考え方も行動も変わっていき、人生が変わります。

誰もが素晴らしい「引き寄せ名人」になれるのです。

今日から「私は、引き寄せ名人」と言ってみてください。

そのクチグセはあなたにとって、必要な経験を呼び寄せてくれるはずです。

5章

美人オーラをまとう

——新しい自分に生まれ変わる

＊1日5分の「美活習慣」

＊自分を信じる恋のススメ

＊ほしい物は素直に口に出す！

＊「執着」を手放すには？

＊「意志力」を強める方法

＊人生を成功に導く三つのゴールデンルール

＊幸せと美しさは比例する

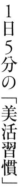

1日5分の「美活習慣」

習慣を味方につけてゴールに近づく

『習慣は、最高の召使いか最悪の主人のいずれかである』

アメリカの神学者　ナサニエル・エモンズ

習慣が人生を形づくっていると言っても過言ではないくらい、私たちは習慣に支配されています。

よい習慣であれば、よい生き方の基盤となり、クオリティの高い生活が可能でしょうし、悪い習慣であれば、健康問題や対人関係、または「美」に関してもマイナスの影響を受けていることでしょう。

できればいい習慣を身につけて、心地好い生活を送りたいものですね。


習慣というのは多岐にわたり、しかも根深いものです。

たとえば喫煙や飲酒など「不摂生な生活を変えたい！」と思っていながらずっとやめられない、というのも多くの人が悩む問題です。

しかしながら、習慣というのはただのクセのようなものです。

クセは反復作業で変えられるということについては前の項目でお伝えしましたが、習慣もクセみたいなもの。変えたいという気持ちの先にあるゴールが何であるか明確になった途端、私たちはそこに向かいたくなります。

ただ、「どうなりたいのか？」という部分が明確になっていなかったり、または「どうなりたいのか？」のゴールがあまりにも高い設定だと、途中でくじけたりすることがあります。

そして、くじけた自分に対して「やっぱりダメだ〜」とか、「どうせ自分はできない」を失敗体験として記憶してしまいますと、もう動けなくなります。

そのため、新しい習慣づくりは短い時間でできる簡単な設定にすることをおすすめします。

私がいつもおすすめするのは、たった5分の習慣。

5分くらいなら誰でもできますし、朝晩の5分が習慣になれば、それをやらないほうが違和感、と感じるまでにもっていけます。

たった10分が一年間で60時間に！

さて、新しい習慣で取り入れられることは何でしょうか？　たとえば……

◎　5分の読書または音読

◎　5分の足もみマッサージ

◎ 5分の表情筋トレーニング
◎ 5分の場所を決めた片づけ
◎ 5分の瞑想または深呼吸
◎ 5分のアファメーション

けっこういろいろできますよね。

でも、とくに私がおすすめしたい5分習慣は二つ。

それは、エクササイズと片付けです。

たった5分を朝晩（つまり一日10分）続けただけで、一年間でのエクササイズの時間は60時間となります。二の腕だけ60時間エクササイズしたとして、一年後どんな二の腕になっていると思いますか？

何もしない一年間と、二の腕60時間のエクササイズ、どんな違いがあるでしょうか？

別に二の腕じゃなくてもいいのですが、ラジオ体操を5分間毎日一年間続けたらどうなるだろう？　ということを想像してみると、この5分の価値というのは、とても大きいことにお気づきになるでしょう。

また、5分の片付け習慣も非常に大きな効果を感じます。寝る前にデスクやテーブルの上を5分だけ片付けてみてください。

朝起きてデスクやテーブルが綺麗に整っていたら、どんな気持ちがするでしょうか？　とてもさわやかに朝をスタートできるはずです。5分と引き換えに得られる効果は絶大です。

1日の中で、5分は何もしなくてもただただ過ぎ去る時間ですが、何かをすれば成果が確実にでます。

たったの5分と侮らないでください。

ものすごい効果が得られるうえ、その行動力がその後の困難に立ち向かう時の原動力になったりもするのです。

そしてそれが歯磨きをするかのごとく無意識にできるようになったら、習慣化は大成功！

また次に新しい5分習慣をつくれば、どんどんよい習慣で生活が支配されていくことでしょう。

最初の格言にありますように、その時にはじめて習慣があなたにとって、「最高の召使い」になるのです。

自分を信じる恋のススメ

「幸せな恋」にはサインがある

日本人は、「主体性がない」とよく言われています。

「みんながやるからやる」とか、「長いものには巻かれろ」などは定番の言葉。まわりの人々の目を気にし過ぎる傾向があるのです。

確かに、コーチングをしている私の目から見ても、そんなふうに自分の意思決定を我慢したり、伝えられない人々はとても多いように感じます。


では、主体性とは何でしょうか？

簡単に言いますと、「自分で考えて、自分で選択して、自分で決定して、自分で行動して、自分で行動の結果を刈り取る」。つまり「行動の責任をとる」ということです。

誰のせいにもしない、自分で自分の人生を形づくるわけです。

友人の経験です。

彼女は婚活中で、理想の結婚相手の条件をリストアップしたあとに、なんとその条件に100％当てはまる人に出会ったのです。最初は「運命だ！」とか「引き寄せだ！」と思っていました。

しかしその彼に会ってから二度目に理由のない違和感を感じたのです。

お互い婚活中ということもあり、三回目にはお互いの両親に紹介するというところまで進み、お互いの両親も喜んでいました。しかし、彼女の中ではGOサインが出なかったのです。

親に相談したら、「こんな好条件の人はこの先出会わないから話を進めなさい」と言われ、友だちに相談しても、「贅沢な悩み、結婚してから考えなさいよ」と言われてしまう始末。しかし彼女は自分の直感に従い、お断りしたのでした。

その後、彼はギャンブル癖があり、多額の借金を抱えていることを知人から聞かされたのです。

条件だけに流されたり、まわりの人の意見に耳を傾けて結婚していたら、大変なことになるところでした。

自分をもっともっと信じてあげてください。

あなたには自分で本物をみつける力がちゃんと備わっています。

誰かに幸せにしてもらいたいから結婚する、寂しさを埋めるためだけに結婚して子どもを持つことは、依存の一種です。

自分の寂しさを埋めるためとか、幸せにしてもらおうとか、老後に子どもに面倒をみてもらいたいからとか、そんな依存心のある状態で生きていたら、その人々がいなくなった時にどうなるでしょうか？

最終的には人生は一人で歩まなければならないもの。

もちろん、人は一人で生きていけないものでもありますが、しかし、主体性を持って人生をデザインし、人生をつくり上げるのは自分です。

困難なことを自力で乗り越える経験は、自分の持っている底力に気づかせてくれ、自信をつけてくれます。

主体性は生きていくうえではとっても大切なことです。

誰のせいにもしない人生はどうなると思いますか？

つらいと思いますか？

実は逆です。

ついつい、うまくいかないことが続くと家庭環境のせいだとか親のせいだとか思って責任逃れしたくなりますが、全部自分の責任だ！　と信じることができると、「自分のことは自分で何とかしなければいけない！」と思えます。

そうすると、誰かに頼っていた時よりも、ずっと人生がラクになるのです。

失恋も自分の責任にしたほうがラクになる

女性がつまずく問題の一つに失恋がありますね。

以前コーチングしたクライアントの経験です。

好きな人ができた彼女は、積極的に自分からアプローチしました。最初はアプローチしても断られていたのですが、持ち前の根気強さで粘り勝ちして晴れて好きな人と付き合うことができました。

しかし、付き合い始めて一年後、彼の浮気が発覚したのです。

彼女はこれまでの愛情が憎しみに変わり、コーチングを受けるまでの三年間、ずっと元彼を恨み続けていたと言います。彼の Facebook 投稿で彼女との写真を見るたびにいらだちと憎しみは増大していったそうです。

でも、朝イチのコーチングで「主体的に生きる」というセッションを行なった時に、彼が悪かったのではなく、断られていたのに自分がしつこくして付き合ってもらったのだったという視点に立てたのです。

そして、すべては自分の責任だったこと、彼と付き合っていた一年間は女性としても成長できたし、楽しいこともたくさんあった、ということを理解して、これまでの憎悪が一気に溶けて流れていき、彼に対して感謝の気持ちすら出てきたのです。

「あの人のせいで私は転んで傷ついている、どうにかしてよ！」と転んだまま文句を言ったり嘆いているよりも、さっさと起き上がって何事もなかったように前に進んだほうがラクになれるというのは、大人の女性なら知っているはず。

たとえ、頭にくる上司がいても、その会社を選んだのは自分。

夫婦に問題が起きると、気遣ってくれない冷たい夫だと文句も言いたくなりますが、その夫を選んだのも自分。

これを認識していると「人のせい」にできないわけですから、状況を変えるためにはどうしたらいいか、自分の頭が働き出すのです。

すると、誰かを恨んでいた時よりも心がスッキリするものです。

キツい言い方になるかもしれませんが、現在の状況は自分がこれまで**選択してきた結果。すべて自分の責任です。**

家庭環境や社会のせいにしたいこともありますが、人はどんな状況でも幸せになれますし、成功者にもなれます。

主体的に生きることは、あなたの軸を強固にし、多少のことではブレることのない、大木のような精神を育ててくれることでしょう。

自分がしっかりしていれば、何が起きても大丈夫。

何を選択しても、自信を持って人生を歩いていけるようになるはずです。

ほしい物は素直に口に出す！

頼む前に諦めていませんか？

アメリカのマーケティングの世界で大成功を収めたテッド・ニコラスという億万長者は、とあるセミナーでゲストとして参加した時に、会場の参加者から、「今までの人生の中で、成功の秘訣を一つだけあげるとしたらなんですか？」と質問されたことがあったそうです。

彼がその答えを紙に書くと、それは封書に入れられて、オークションにかけられました。さて、その落札価格とはいくらでしょう？

なんと、1枚の紙に書かれたこの答えは17万円で落札されました。

しかしその封書を開いてみたら、答えはたった一行しか書いていなかったのです。

さて、その一行に書かれていた言葉は何でしょうか？

答えは、

Whatever you want in your life, just ask.

意味は「人生で望むものはなんでも、ただASKしてみなさい」

という意味です。

ASKとは、求める、要求する、「～してほしい」と頼む、望んでいることを言う……などを意味します。

簡単に言いますと、自分に必要だと思うことは何でも、「ほしいです」とか「お願いします」のように、ダメもとでも聞いてみる、ということ。

もし好きな人ができたら、「あの人素敵だわ〜。でもきっと彼氏（彼女）がいるに違いない。自分はふさわしくない」などのように、勝手で無駄な妄想を脳内で巡らしてアクションを起こすのを諦めるよりは、とりあえずダメもとで「ASKしてみる」ことが必要ということです。

別の例で言えば、「給料が安いわ……」とボヤくよりも、社長に「給料を上げてほしい」と言ってみること。そして、そのために自分ができることを聞いてみてもいいですよね。

少し振り返っただけで、私たちは聞いてもいないのに諦めていることがいかに多いことか。または、やってもいないのに（チャレンジもしていないのに）諦めていることが、なんと多いことか。

たとえOKをもらえなくても、もともとがゼロなわけですから、何も失うものなどないのです。聞くだけ聞いてみたらいいのです。

それで道が開けたら儲けもの。

そして、断られて恥ずかしい、と思うのは自意識過剰の証拠。

だって人はそんなに他人のことを長々と考えていないのですから。

3回以上からスタートライン！

私の営業職時代の経験では、最初の1、2回は断られても、これで断られたとは判断しません。

3回、4回、5回目の訪問で契約に至ることはよくあるのです。

不思議なもので、言ったもん勝ち、とはこういうことなのでしょう。

人生を切り開く能力を持っている人は、このような「Just ask」の精神の持ち主なのです。

さて、皆さんは、誰に何を「ASK」してみますか？

ほんの少しの勇気を持って、これからは「Just ask」マインドでいきましょう！

ダメもとで言ってみる。ダメもとでやってみる。失うものは何もなし！　ですから。

この言葉、心の中に持っているだけでも行動力がグンとあがるような気がしてきますね。

「執着」を手放すには？

しがみついているのは自分だった？

多くの人は何でも手に入れたいし、人生をキラキラと歩むために、魔法のランプが欲しいと思っています。

しかしながら、なぜかうまくいかない……うまくいくように思えても、おとぎ話のような素敵なことはすぐに終わって、すぐにいつも通りの自分になってしまう。何が悪いのかも分からないというクライアントさんはたくさんいます。

あなたはどうでしょう？

聞いたことがあるかもしれませんが、実は、引き寄せの法則をうまくいかなくしてしまうのが、欲しいと思っている対象に対しての「執着」なのです。

なぜ執着があると叶いにくいかといえば、執着は「叶わないかもしれない」という恐れや不安がベースにあるからです。

つまり、願えば願うほど、もしくは求めれば求めるほど、欲しいと思えば思うほど、どこか「自分には無理かもしれない」という気持ちが生まれていたのです。


執着がない人は、「願ったことは叶うよね？　それを考えると、何だか楽しくてワクワクする！　理由はよく分からないけど、叶うような気がしてならない」と言葉にならない確信みたいなものがあります。

「叶わなかったらどうしよう」という恐れや不安がないのです。


願望達成を邪魔する一番の問題は「恐れ」と「不安」。

うまくいく人は、これらがないから行動し続けられるのです。

しかし、考えてもみてください。

多くの人はそれができないから困っているのです。どうしたら不安や恐怖に振り回されることなく執着を手放すことができるのでしょう？

まずは、手放せない理由を考えてみましょう。

なぜ、そんな嫌な気持ちである執着を手放せないのか？

実を言うと、**執着することであなた自身が何かを得ている肯定的な理由があるのです。**

一般的には執着は悪いもの、という言い方をされますが、人によってはその執着から何かを得ている場合もあるのです。

なくしたいと思っている執着に肯定的な意味なんてあるわけない、と思われている方も多いと思いますが、違うのです。理由があるからあなたはそれを手放さないのです。

単純に考えてみれば、本当に嫌だったらやめています。

でもつかんで離さないということは、執着することであなたは何かを得ているわけです。

メリットを認めてあげれば「執着」も静かになる

たとえば、なぜお金持ちになりたいかを分析してみましょう。

すると、おいしいものを食べたり、欲しい物を買って満足したり、誰かにプレゼントしたいと計画したり、もしかしたら、他の人をうらやましがらせたいというような理由が思い浮かぶと思います。

つまり、「お金持ちになりたい」というのはゴールではなく、「そこから何を得たいか？」というのがゴールになります。つまりこの場合ですと、自分を満たしてあげたい、自分を大切にしたいという気持ちの表れなのです。

このように、執着していた理由は「自分を大切にしたい」という肯定的な意味があったのだと気づいてあげることが大切なのです。

つまり執着をなくす方法は、執着する理由は何？　という質問を自分にしてみること。

ここがわかれば、「あら！　執着も結構いいじゃない？」と思える。

そう思えると、今まで執着をなくそう、なくそうとしていたあなたの中の執着に関する思いは、居場所を与えてもらって主張しなくなっていきます。

執着という思いでさえ、体の中に融合していけるのです。

認められた執着君は暴れませんよ。

静かにあなたの願望と融合し、仲良くやってくれます。これがわかると、力を入れずとも引き寄せの法則がうまくいくのです。

執着をなくそう、なくそうとしてもうまくいかなかった方、どうぞ自分の中にある執着の肯定的な意味を考えてみてくださいね。

そして、もしその執着に気づいたら、「あれ？　私、また執着しているのね。あはははは」と軽く肯定してあげてください。

不思議ですが、これでどんどん執着がなくなっていくのを実感できるんですよ。

正直言って、「執着を手放しましょう！」でも、「執着してガツガツ目標達成しよう！」でも、どちらのアプローチでもいいのです。

自分の心が安定できると思った考え方で執着を認めてあげれば、執着はなくなっていくのです。

「意志力」を強める方法

石で「意志」が強くなる！

新しい年の初めに今年一年の目標を立てる人は多いと思いますが、新年のかたい決意にもかかわらず、早い段階で挫折してしまうのは、多くの人が経験しているものです。

ダイエットも、掃除も、自分の心を養い続ける読書の習慣なども、効果が出るまでやり続けるのには、「意志力」が必要です。しかしながら、この意志力を身につけることは多くの人にとってハードルが高いようです。

あなたの意志力は強いほうですか？　それとも弱いほうですか？
弱いほう、とお答えになったあなた。その弱い、という認識を信じていますか？

その思い込みは、現実を招きます。
だから、今日からこう言ってみてください。
手を固く握りしめて、こぶしを上にあげて、

「私の意志は石のように固い！」

このアファメーションはけっこう効果があるのです。
できれば、それを言う時に、本当に硬い岩を触りながら言うとか、頭の中に大きくて強い石や岩を思い浮かべながらそのアファメーションを言い続けてみましょう。

さらに、そのイメージした映像を、自分の体の意志がある場所に入れるイメージをしてみてください。人によっては心臓かもしれないし、頭かもしれませんね。これであなたの意志は本当に固くなるのです。

さらに、まわりの家族や友だちからも、意志が強い人として扱ってもらってください。

セルフイメージは他人によってつくられることについて書きました。もし、意志が弱まったと感じたら、まわりの人から「あなたらしくないわね」と言ってもらってください。

まわりの家族や友人に、あたかも生まれつき意志が固い人のように扱ってもらいましょう。

もしもあなたが「意志の強い人」「意志が固い人」からそれた行動をした時には、「あなたらしくない」と言ってもらい、自分でも、「あら、珍しい、私らしくないわ」とつぶやくのです。

絶対守れる「自分との約束」をする

さて、もう一つ意志力を強める簡単な方法をご紹介しましょう。

それは、「決意」「決断」「腹をくくる」ということです。

当たり前すぎましたか？

たとえばですが、「私、痩せたいのよね〜」と言いながら、ケーキはバクバク食べる、コーラはガブガブ飲む、肉やら唐揚げやら、食べ物の栄養はまったく気にせず、「痩せたい〜」と言いながら食べる。

このような人の心は、実は「食べる！」とか「飲む！」を求めていて、その気持ちに沿った行動をしていることになるのです。

では、どうしたらいいのでしょうか？

食べない、飲まない、という決断はつらいものとなりますし、潜在意識も脳も、否定文を採用しないわけだから、食欲を高めてしまいます。

ですから、この場合は「運動する！」とか「野菜を多く食べる！」という決意をして、その通りの行動をとれば、その決意がどんどん強化されて確固たるものになるわけです。

もちろん最初は簡単で必ずできそうなことから決意してみることがコツです。

たとえば、「朝起きたら、クラシック音楽をかけて気分をよくする」「家に帰ったら靴をそろえる」とか、絶対できそうな簡単なことを決めて、行動に移すのです。

まあ、このくらいなら失敗はないだろうということから始めるのです。

そうした、簡単なことを決意して行動に移すことを繰り返していくうちに、「私は決めたことを実行に移せる意志力があるんだ！」とか、「私の意志は固いんだ！」というセルフイメージができあがり、そのうち、大きな決意も実現できるようになっていきます。

いつのまにか、「私の意志は石のように固い！」と本気で心から言えるようになる日がくることでしょう。

意志さえ強ければ継続力が身につきます。

そうしたら、たとえカメのような歩みであっても、必ずや到達したいところに行くことができるようになるのです。

人生を成功に導く三つのゴールデンルール

うまくいっている方法にフォーカスする

最近は、女性でも起業したり、在宅で副業をする人が大変増えています。女性が経済的に自立すると、さまざまな選択肢が増えるので、私は経済的自立をしたい女性たちを心から応援しています。

こうした女性の進出に伴って、「成功者」と呼ばれている女性たちも大変増えてきました。この本を手にしている読者の皆様も、もっと美しく、もっと豊かに人生を歩んでいくことを望んでいらっしゃると思いますので、ここでは人生を歩むうえでの三つのゴールデンルールについてお伝えします。それは、

①うまくいっているなら、変えないでそれを続ける
②うまくいっていないなら、やり方を変える
③一度やってうまくいったことは、もう一度やってみる

実はこれだけです。シンプルでいいですね。

日本の風潮では、うまくいっている人を見るとどうしても「調子にのるな!」という考えが生まれてしまいます。

その本来の意味は、調子にのって暴走してしまうのを戒《いまし》める言葉なのかもしれませんが、実はうまくいっていることについてのゴールデンルールは「その調子で続けてみて」なのです。

うまくいっているのに、方法を変える必要はありませんものね。


しかし、いつも失敗しているとか、なんかうまくいかない、という場合は、当然のことですが、やり方を変えてみることです。

それでうまくいったなら、もう一回試してみる。それがダメならまた違う方法を試してみる。

これを繰り返していますと、だんだんと「うまくいく」方法、自分にあった方法、というのがわかるようになります。

もちろん、うまくいかなかった、というのも貴重な情報源です。もうその方法を試さなくてもいい、という事実を得た訳ですから、一つ学んだと思いましょう。

そして、うまくいっている人は、自分のデータをとることをおすすめいたします。

うまくいかなかった時や、バランスを崩した時、何がダメで何がいいかのデータをとるのです。

それに基づいて自分の行動を変えてみる。

引き寄せの法則が成功した時と、失敗した時の情報もデータで残しておくと、本当にわかりやすいのです。

美もアップデートする

このゴールデンルールは、美しくなるにもダイエットを成功させるにも、どんなことにも適用できるのがいいところ。たとえば、「美」に関して当てはめてみましょう。

まず美しくなるには、「自分のなりたい理想のゴール」を決めます。

その理想に今、確実に近づいていると思ったら、これまでの美容法やエクササイズ、ダイエット法はそのまま継続すればいいですよね。しかし、理想とかけ離れているとしたらどこがとくにそう感じるのか？　ファッションか？　メイクか？　ヘアスタイルなのか？　それとも体型なのか？　それを明確にして、その一番気になる部分を変えてあげればいいだけです。

もちろんこれまでやってもうまくいかなかったアプローチ方法はやらないでくださいね。

誰かに新しい方法でアドバイスを求めたり、自分にしっくりくるものを探すのです。

これまで食事制限でダイエットしてきたけど続かなかったというのであれば、今度は「走ること」や「エクササイズ」や「マッサージをしてみる」など、自分にとっていい方法をチョイスしてみてください。

そしてうまくいかなかったら違う方法、うまくいったら今度はそれを継続。

たったこれだけでもっともっと美しくなります。

そして、ここでデータをとってみてください。

成功した時のデータ、うまくいかなかった時のデータ、これさえわかれば最強！

これによって美のマイスペシャルゴールデンルールができあがるというわけです。

幸せと美しさは比例する

今手にしているものを数えよう

「しあわせはいつも自分のこころがきめる」

この言葉は、詩人、相田みつをさんの言葉ですが、本当に真理です。

幸せの根拠は人ぞれぞれですが、脳科学的にも心理学的にも量子論的にも単純に言えば、「幸せだと思えば、幸せ。不幸せだと思えば、不幸せ」なのです。

しかも、幸せになるのも、不幸せになるのも時間がかかりません。ほんの一瞬で決まります。

「幸せ脳の人」は、いつも目にとめていることが、自分が得ている「ありがたいこと」とか、「今手にしているもの」なので、常に幸せな状態です。

そして、「不幸せ脳の人」の特徴は、いつも欠乏している部分にフォーカスしがちなのです。

お金なら手元のお金は見ずに「あの人のほうがもっと持っている」。

服なら、「あの人は自分よりセンスがある」。

容姿なら、「あの人のほうが背が高くて痩せている」。

といった具合に、自分が手にしている幸運を見ていないのです。

自分の人生なのに、いちいち他人の言動が気に入らないとか、頭にくると言ってはそれに時間をとってイライラするなんて、自分の人生をムダに削っているだけということに気づいていません。これは本当にもったいないことですよね。

他人を変えることなんてできませんから、上手にスルーして自身の向上のために時間を使うほうがはるかに建設的でしょう。

幸せ脳は簡単につくれます。

日常生活の小さな喜びに目をとめること、それらに感謝をすることから幸せ脳が始まります。

なかなかそれができない人は、対極にあるものにも目をとめてみることをおすすめいたします。

たとえば、指一本怪我しただけで、いろいろと不都合が出てくるものです。ほんの小さな指の傷であっても、そこに心臓がついているのか？　というくらいズキズキと痛み、眠れない時もあるくらいです。

そんな時に、いつも手が当たり前に使えていたことが当たり前のことではなかったと、気づくのです。

家族も、ペットも、友人も恋人の存在も当たり前ではありません。

明日、あなたの目の前からいなくなる可能性だってあるのです。そう思った時に、その存在は涙が出るほどありがたい、と思えるはず。

ちょっと想像力を働かせるだけで、幸せ脳がつくれるとわかりますよね。

「幸せ」と「健康」と「美」は連動している

さらに言えば、幸せ脳は、心の余裕と体の免疫力にも影響を及ぼしますから、健康になります。

そして、常に幸せを感じている人の顔立ちは、穏やかで、目が優しく温かいものです。

脳内伝達物質のセロトニンもしっかり出ているので、若返り作用も働いています。

幸せな人は若くて美しいのです。

本当に美しい人は、日々の生活全体が幸せなのです。

もちろんストレスを感じないわけではなく、ストレスマネジメントがとても上手。ストレスを毛嫌いするのではなく、上手に付き合っているのです。

幸せと美しさは比例します。

さあ、小さな幸せに注目し、脳のシステムを利用して、不幸せはスルーする仕組みをつくってしまいましょう。

今日1日の中で、いくつの幸せを拾うことができるでしょうか？

普段ならスルーしてしまいがちな小さな幸せを意識して数え上げてみると、1日の終わりがなんとさわやかになることでしょう！

それがあなたの穏やかな顔立ちと美しさをつくっていくことになるんですよ。

本作品は小社より二〇一五年一月に刊行されました。

ワタナベ薫（わたなべ・かおる）

1967年生まれ。仙台在住。株式会社WJプロダクツ代表取締役であり、他2社を経営する実業家。

美容、健康、メンタル、自己啓発、成功哲学など、女性が内面と外側の両方からきれいになる方法を発信しているメンタルコーチ。2006年から始めたブログは、どんなことがあっても毎日更新。1日3万人以上が訪れる人気カリスマブロガー。

著書に『運のいい女の法則』（三笠書房）、『凛として生きるための100の言葉』（KADOKAWA）、『人生を変える33の質問』（大和書房）など多数。

ブログ　美人になる方法
https://ameblo.jp/wjproducts1/
株式会社WJプロダクツ
https://wjproducts.jp/
LINEブログ
https://lineblog.me/watanabekaoru/
オンラインサロン　カオラボ
https://wjproducts.jp/salonwatanabe/

だいわ文庫

1日《にち》1分《ぷん》で美《び》人《じん》になる
自《じ》分《ぶん》を変《か》えるレッスン

著者　ワタナベ薫《かおる》

二〇二一年八月一五日第一刷発行

発行者　佐藤　靖
発行所　大和《だいわ》書房
東京都文京区関口一－三三－四　〒一一二－〇〇一四
電話　〇三－三二〇三－四五一一

フォーマットデザイン　鈴木成一デザイン室
本文印刷　シナノ
カバー印刷　山一印刷
製本　小泉製本

ISBN978-4-479-30879-9
乱丁本・落丁本はお取り替えいたします。
http://www.daiwashobo.co.jp

だいわ文庫の好評既刊

*長岡求
マニアが教える植物図鑑
NHK人気ドラマ「植物男子ベランダー」の監修者によるマニア的植物図鑑。ぶつぶつ、くるくる、とげとげ、植物愛があつすぎる!
800円
026-J

*藤依里子
日本の文様
桜と楓が描かれた文様は年中使える、三枡は「見ます」に通ずる…。着物や工芸品、器などに見る149の文様の奥深い由来がよくわかる!
800円
028-J

*大海淳
身近で見つかる山菜図鑑
山の達人が教える、すぐ見分けられる山菜、薬草の採り方。おいしい食べ方、料理の仕方、保存方法。キャンプや野遊びに必需品の一冊。
900円
029-J

*小谷匡宏
一度は行きたい幻想建築
世紀末のきらめく装飾世界
華麗な彫刻、美しい絵画に彩られた世界のアール・ヌーヴォー建築を図版約600点で紹介。芸術家たちが創造した夢のような道端アート。
850円
030-J

*岩槻秀明
子どもに教えてあげられる
身近な樹木図鑑
道でいつも見かける木がありませんか? なじみ深い街路樹にも意外な由来があります。200種類以上の樹を豊富な写真で紹介。
800円
031-J

*福田豊文 写真
今泉忠明 監修
世界中で愛される美しすぎる猫図鑑
世界の美しすぎる猫約50種を凛々しい親猫・可愛い子猫のセットで紹介! 猫の性格や歴史、興味深い生態についての雑学も!
900円
032-J

*印は書き下ろし

表示価格はすべて本体価格(税別)です。本体価格は変更することがあります。